NICOLAS FRADET

Le Poker
Du Texas Hold'em au Stud

Mieux comprendre le Poker
pour mieux le jouer

2e édition

À Marie-Ève,
merci de me supporter dans tout,
merci de me combler autant.

© 2007 Éditions Pratiko, 2ᵉ édition

Toute représentation ou reproduction, intégrale ou partielle,
sans le consentement de l'éditeur, est interdite.

Révision linguistique :   Christian Morissette

Édition électronique et
maquette de la couverture :   Promopub Design & Marketing Inc.

Diffusion pour le Canada :
DLL PRESSE DIFFUSION INC.
1650, boul. Lionel-Bertrand
Boisbriand (Québec)
J7H 1N7
info@dllpresse.com

ISBN 978-2922889-41-3

Dépôt légal : 2ᵉ trimestre 2007
Bibliothèque nationale du Québec
Bibliothèque nationale du Canada

Imprimé au Canada

Table des matières

Biographie

J'ai toujours été attiré par les jeux de stratégie. Qu'il s'agisse des échecs, du backgammon ou de plusieurs jeux de société, lorsqu'il y a une stratégie à développer, ça me plaît. J'aime bien analyser, tenter de prédire toutes les situations possibles afin de prendre la meilleure décision.

J'ai été initié au poker durant mes études d'ingénierie à l'université ; il m'arrivait alors de jouer avec des copains. Dès le début, le poker m'a fasciné par sa simplicité et sa complexité. Les règles du jeu étaient faciles à apprendre mais il fallait élaborer certaines tactiques pour avoir du succès.

Lorsque j'ai acheté mon premier livre de poker, j'ai immédiatement compris que ce que je pensais être une bonne stratégie n'était plutôt qu'une illusion. Je suis, dès lors, devenu un adepte du poker que je pratique maintenant depuis plus de 10 ans.

Le poker occupa ensuite une place importante dans ma vie, même pendant les années où je travaillais comme ingénieur géologue junior. Je faisais de plus en plus de voyages de poker et je discutais constamment de stratégie avec d'autres joueurs. Et, ce qui n'est pas à négliger, je gagnais plus d'argent en jouant au poker qu'en travaillant en ingénierie. J'ai alors décidé de faire le saut et de me consacrer au poker à temps plein. Je suis devenu professionnel.

2

Introduction

Il y a un vieil adage qui dit
« La vie n'est qu'une grande
partie de poker ».

Bien qu'il faille admettre que la vie est un peu plus complexe que ça, il y a certainement du vrai dans cette phrase. Une partie de poker réunit beaucoup d'éléments qu'on retrouve dans notre quotidien. Ainsi, il y a l'interaction entre plusieurs personnes, dont les personnalités diffèrent, et qui recherchent pourtant un même but commun tel que l'amour d'un proche, le succès professionnel, ou simplement le fait d'être heureux.

La façon dont on agit avec les gens qui nous entourent est un reflet concret de notre personnalité. Certains sont plus tendres, d'autres plus timides. Certains sont plus extravertis et d'autres d'une nature plus tranquille. Notre personnalité influence beaucoup nos actions qui sont elles-mêmes influencées par la personnalité des autres.

Ces interactions se manifestent également dans une partie de poker. Voilà pourquoi la bonne stratégie au poker dépend très souvent de nos adversaires. Il faut tenir compte de leur personnalité, de leurs habiletés, de ce qu'ils pensent de nous et de bien d'autres aspects psychologiques, tout comme dans la vie de tous les jours.

Personnellement, je crois que le poker m'a permis d'être plus sensible à l'impact de mes paroles et de mes gestes, ainsi que ceux d'autrui, dans la vie de tous les jours. Et, bien sûr, comme joueur professionnel, ma vie est en quelque sorte « une grande partie de poker ».

2.1 • Pourquoi jouer au poker ?

Le poker est souvent perçu comme un jeu de hasard. S'il est vrai que le hasard y joue un rôle important, le poker demeure un jeu qui comporte une composante stratégique essentielle. Une bonne connaissance de la stratégie combinée à votre habileté et à celle des autres joueurs, voilà ce qui influencera finalement les résultats.

La grande majorité des jeux nécessite une certaine stratégie. La plupart du temps, les tactiques reposent sur des principes mathématiques. Par exemple, si vous jouez au « Monopoly », c'est une bonne chose que de vouloir s'accaparer des cases orange. Elles sont situées à 6, 8 et 9 cases de la « prison », ce qui signifie que les joueurs qui sortent du cachot risquent de passer plus souvent sur vos propriétés. En effet, le 6 et le 8 sont des probabilités de combinaisons plus fréquentes sur un lancé de deux dés.

Une bonne approche, dans la plupart des jeux, repose donc sur des bases mathématiques. Pour exceller au poker, il faut absolument maîtriser cet aspect.

2.2 • Un mythe

Il existe aussi un mythe dans le monde des jeux de casinos. On dit que personne ne peut gagner en pariant. Ce n'est tout simplement pas vrai.

En vérité, il y a presque toujours un seul et unique gagnant : le casino lui-même !

Il faut comprendre que les jeux proposés avantagent mathématiquement les casinos et non les joueurs. Ces établissements existent pour faire des profits. Vous pouvez, de temps en temps, gagner un peu d'argent. Toutefois, si vous jouez au même jeu durant une assez longue période, il est presqu'impossible de surmonter le handicap qui vous défavorise. Les casinos n'existeraient pas s'ils n'avaient pas l'avantage sur vous.

D'un point de vue théorique, si les probabilités sont contre vous, vous perdrez à long terme. Le mot-clé, c'est le long terme. Un soir donné, n'importe qui peut sortir gagnant d'une soirée au casino. Mais si vous y retournez souvent, le casino gagnera toujours au bout de la ligne. C'est mathématiquement inévitable.

Prenons l'exemple de la roulette américaine. À ce jeu, peu importe la mise que vous placez, vous donnez au casino un avantage de 5,26 %. Cela signifie que pour chaque dollar que vous misez, il vous reviendra 94,74 sous. C'est un avantage énorme pour le casino.

Pour expliquer cette réalité sans faire de calculs complexes, disons simplement que vous pariez 1 $ sur chaque numéro de la roulette. Comme il y a 38 numéros (18 noirs, 18 rouges et 2 zéros verts) et que vous misez sur tous les numéros possibles, vous êtes certain de gagner. Vous avez donc investi 38 $.

À la roulette, le numéro gagnant paie 35 fois votre mise. Vous aurez donc gagné 35 $ plus le dollar de votre mise initiale pour un total de 36 $. Vous avez donc gagné mais vous perdez malgré tout 2 $. Le calcul va ensuite comme suit : 36 $ / 38 $ = 94,74% pour un avantage en faveur du casino de 5,26 %.

Il s'agit d'une loi mathématique inattaquable. Certains diront qu'ils ont trouvé un système miracle qui peut faire gagner à la roulette ou à d'autres jeux de casino. La vérité est que ces systèmes n'améliorent pas les probabilités mathématiques. À chaque fois que vous pariez 1 $, vous donnez environ 5 sous au casino, un point c'est tout. Bien sûr, si un soir la chance vous sourit, il est possible de faire un profit. Mais ces gains sont vrais pour une personne donnée dans une période de temps précise. D'ailleurs, il y a toujours une part de chance individuelle et c'est ce qui attire tous les joueurs. Ils espèrent tous que ce sera leur tour. Si les joueurs ne gagnaient jamais, les casinos ne feraient pas d'argent puisque plus personne n'irait. Mais cela ne change rien à la réalité mathématique. Les casinos gagneront toujours et les joueurs perdront.

2.3 • Le poker, un animal différent

Le poker traditionnel, par contre, est très différent des autres jeux de hasard. En fait, le terme hasard est un peu trompeur. Il y a du hasard dans presque tous les jeux, que ce soit aux cartes comme pour le Bridge, le Canasta ou le Cribbage, ou dans les jeux de société comme le Monopoly, le Scrabble ou le Backgammon. Le hasard et la chance y occupent un rôle important.

Dans un jeu où vous utilisez les dés, par exemple, il est impossible de prédire avec certitude, quel nombre vous obtiendrez en lançant deux dés. Par contre, il est possible d'établir une stratégie en vous basant sur le fait que vous obtiendrez un total de 7 plus souvent qu'un total de 3.

À part quelques exceptions, presque tous les jeux comportent une part de chance. Mais au poker, il faut aussi une grande part de stratégie.

De plus, on ne joue pas au poker contre la maison, mais plutôt contre d'autres joueurs. Vous pouvez, bien sûr trouver dans les casinos quelques jeux basés sur le poker, comme le Poker Grand Prix ou le Poker des Caraïbes. Mais je ne parle pas de ces variantes du poker qui sont, comme tous les autres jeux offerts au casino, imbattables. Les cotes favorisent les casinos et vous y perdrez votre chemise si vous y jouez souvent.

Je parle plutôt de poker comme le Texas Hold'em, le Stud ou le Omaha. Dans ces parties, le poker est joué contre d'autres joueurs comme vous et moi. Le casino est notre hôte et prélève un pourcentage des enjeux pour défrayer ses coûts et faire un profit. Il n'intervient jamais dans le déroulement même du jeu et surtout il n'a pas d'intérêt dans le résultat d'une main.

Puisque le poker se joue contre d'autres joueurs, si l'un d'eux est plus habile que ses adversaires, il peut jouer de manière à augmenter ses chances et bénéficier ainsi d'un avantage qui lui permettra de réaliser un profit. Il y a une raison pour laquelle les meilleurs joueurs de poker au monde gagnent plus de tournois et font des millions de dollars année après année. Et ce n'est certainement pas parce qu'ils sont les joueurs les plus chanceux.

J'aime bien comparer le poker au marché boursier. C'est un peu comme faire une série de petits investissements. Si vous avez fait vos devoirs et prenez une décision éclairée, vous pouvez accroître vos possibilités de profit.

L'investisseur qui choisit de placer son argent dans une compagnie qu'il ne connaît pas fait un pari aveugle. C'est un peu comme parier sur un numéro à la roulette. Investir dans une compagnie X, parce que votre beau-frère a entendu dire que les actions allaient peut-être monter, ne sera jamais considéré une bonne stratégie d'investissement.

Dans un autre ordre d'idée, les joueurs de poker dans les casinos sont généralement perçus comme des personnes qui manquent de jugement et qui, s'ils jouent trop souvent, ont un problème avec le jeu.

Voilà un autre mythe.

En effet, si vous connaissez le jeu, et si vous comprenez comment les cotes peuvent vous donner un avantage, vous pouvez réaliser des bénéfices. Beaucoup de joueurs de poker sont instruits et ne jouent qu'à ce jeu. Ils savent très bien qu'il est inutile de se risquer aux autres jeux comme la roulette, puisqu'il est impossible de battre la maison.

Le poker regroupe tout ce qui nous attire dans les autres jeux. Pour bien y jouer, il faut en maîtriser les aspects mathématiques, avoir un bon sens de la logique, avoir une bonne discipline, du courage, se servir de psychologie…et avoir un peu de chance.

Le poker est d'abord et avant tout un jeu où des personnes s'affrontent. Si tante Henriette ne bluffe jamais, vous avez avantage à connaître cet aspect de son jeu. Lorsqu'elle mise, elle doit donc logiquement avoir une main raisonnable. Si elle bluffait souvent, vous ne pourriez pas prévoir avec autant de précision la valeur de ses cartes.

Il faut donc tenter d'adapter votre jeu à chacun de vos adversaires. Sachant que certains bluffent tout le temps et que d'autres ne bluffent jamais, vous pouvez en tirer un grand avantage. La capacité d'un joueur à s'adapter aux tendances de ses adversaires est l'un des éléments qui distingue les experts des novices.

Ce livre ne vous permettra pas de rivaliser avec les meilleurs joueurs au monde. Il faut des années de pratique et de réflexion sur votre jeu pour atteindre de tels sommets. Il devrait par contre vous permettre de découvrir ce merveilleux jeu qu'est le poker, et de discerner ce qu'est une bonne stratégie, afin de vous donner une base sur laquelle vous pourrez établir une tactique profitable et rentable.

3
Au Commencement

3.1 • Les origines du poker

Le poker aurait fait son apparition en Amérique du Nord au début des années 1800 dans la vallée du Mississipi et en Nouvelle-Orléans. L'achat de la Louisiane, en 1803, a ouvert de nouvelles frontières et c'est peu après que le poker a commencé à occuper l'esprit des parieurs et à captiver l'imagination des nouveaux colons. Avant cette époque, on croit que les jeux tels le Nas de Perse, le Poque de France et le Pochen, ou Poch, d'Allemagne auraient été les précurseurs du poker.

À l'origine, un paquet au poker comptait 20 cartes réparties en quatre sortes (ou couleurs), soit les piques, les trèfles, les carreaux et les coeurs. Dans chaque couleur il y avait un as, un roi, une reine, un valet et un dix. Cette variante primitive ne considérait ni les suites ni les couleurs.

Dès 1840, le jeu de 52 cartes a été adopté, les quatre sortes étant représentées par des cartes de dénomination allant du 2 jusqu'à l'as. Les suites et les couleurs ont été incorporées au jeu à la fin des années 1850, ce qui allait constituer le poker dans sa forme contemporaine. Les variantes jouées à l'époque étaient le Draw, une forme de poker avec des cartes fermées, et le Stud, qui se jouait avec des cartes ouvertes.

Au début du 20ᵉ siècle, une nouvelle variante est apparue : le Texas Hold'em. La formule Stud a été introduite au Nevada dans les années 1930, et celle du Hold'em, au début des années 1970. Le Texas Hold'em a pris son véritable envol lorsque cette subdivision du poker a été retenue pour couronner le champion du monde au moment de la création des Séries Mondiales de Poker, au casino Binion's Horseshoe en 1970.

De nos jours, le Draw ne se joue presque plus dans les casinos et les salles de jeu de part le monde. Les versions privilégiées par les millions d'adeptes du poker sont le Stud à sept cartes et le Texas Hold'em. Plus récemment, le Omaha Hold'em est devenu la troisième variante à compter de nombreux adeptes.

3.2 • Le but du jeu

Le but au poker est de former la meilleure main de 5 cartes possible ce qui permet de remporter les enjeux. Certaines variantes comportent 5, 6, 7 et même 9 cartes. Cependant, peu importe le nombre de cartes qui vous seront données, il faudra toujours former la meilleure main de 5 cartes. Les cartes en surplus seront ignorées au dévoilement, c'est-à-dire à la fin de la main.

Le poker peut se jouer d'une façon totalement amicale, mais il prend toute sa valeur lorsque des mises monétaires sont intégrées au jeu. C'est à ce moment que les aspects psychologiques entrent en ligne de compte, et que la nervosité ou le calme des joueurs peuvent totalement changer le déroulement d'une partie.

Le joueur qui a la meilleure main à la conclusion de celle-ci remporte les mises. Mais le but du jeu n'est pas de remporter le plus de pots possible. La victoire ira plutôt au joueur qui aura fait les gains les plus importants. C'est une différence considérable. Le poker est en quelque sorte un jeu qui est constitué d'une série de petits investissements, de plusieurs mises indépendantes, où on additionne les profits et les pertes sur une longue période de temps. Et comme sur le Dow Jones, il faut savoir quand investir, quand se retirer avec un profit et quand limiter ses pertes. Au poker, les résultats ne se mesurent pas en comptant des points, mais bien en comptant son argent. En fait, dans l'esprit des joueurs de poker, ce qui importe, ce sont les profits réalisés non pas durant une soirée, mais plutôt au fil des ans.

3.3 • Le jargon

Comme la plupart des jeux, le poker a son jargon particulier. Vous trouverez à la fin du livre un glossaire complet qui vous dépannera si un terme vous est inconnu.

Je tiens à souligner que la littérature francophone est plutôt mince sur le monde du poker. Ayant le souci de bien préserver notre langue, il m'apparaissait important de développer un vocabulaire propre au français.

Donc, lorsque j'ai mis sur pied le site web québécois www.princepoker.com, il y a quelques années, j'ai dû traduire, avec l'aide d'autres joueurs qui fréquentaient ce site, les termes de poker qui n'existaient pas en français. Le vocabulaire utilisé dans ce livre est également composé de certains termes qui proviennent de France et qui, à mon avis, sont appropriés et représentent bien la réalité du jeu.

Je tiens également à remercier tous les membres de www.princepoker.com qui m'ont aidé à perfectionner ce vocabulaire qui, je l'espère, deviendra la référence dans les discussions francophones sur le poker. Certains termes peuvent vous sembler loufoques, mais il faut simplement s'y habituer.

Afin de faciliter votre démarche, je tiens à définir quelques termes et abréviations qui seront utilisés dans tout le livre.

Puisque le poker est le jeu par excellence aux États-Unis, la plupart des abréviations courantes sont basées sur des termes anglophones. Ce sont des règles internationales que vous rencontrerez dans les livres, les magazines et sur internet. Voici les principales abréviations :

Le rang des cartes :

2 à 9 (2 à 9) ;T (dix), J (valet), Q (reine), K (roi), A (as)

Ce sont les symboles que l'on retrouve sur les cartes.

Les sortes :

s - ♠ (pique), h - ♥ (coeur), d - ♦ (carreau), c - ♣ (trèfle)

Donc, Kh ou du K ♥ désigne le roi de cœur, 4c ou 4 ♣ désigne le 4 de trèfle, et ainsi de suite.

Il existe une multitude d'autres termes et d'abréviations relatifs au poker. Ils vous seront présentés tout au long du livre.

4

Règles de bases

4.1 • Le jeu de cartes

Un jeu de carte traditionnel est composé de 52 cartes. Les cartes de base sont numérotées de 2 à 10. Plus la carte est élevée, plus sa valeur augmente. Les cartes appelées « figures » sont les valets, les dames et les rois dont les valeurs sont 11, 12 et 13, respectivement. La carte la plus forte est l'as, qui correspond à 14.

Comme nous l'avons déjà expliqué, un jeu de 52 cartes est séparé en 4 sortes- soit les piques, les cœurs, les carreaux et les trèfles, et chaque couleur compte 13 cartes (du 2 jusqu'à l'as).

Un jeu de carte compte habituellement un ou deux Jokers, qui peuvent servir dans certains jeux. Au poker, le Joker n'est pratiquement jamais employé. Une seule formule, le « Draw » avec Joker en fait l'utilisation. Celle-ci n'est, par contre, plus beaucoup pratiquée de nos jours.

4.2 • Rang des mains

Le poker se joue généralement de deux façons : pour le haut ou pour le bas. Si vous avez déjà vu une partie à la télévision ou au cinéma, ou si vous avez déjà joué au poker, vous aurez probablement joué pour le haut. Jouer pour le haut signifie que vous visez à avoir la meilleure main possible. Jouer pour le bas, c'est jouer pour avoir la pire main possible.

Une main de poker est composée de 5 cartes. Il est vrai que beaucoup de variantes utilisent plus que 5 cartes. Cependant, au dévoilement, seulement 5 cartes sont utilisées, jamais plus, jamais moins.

4.3 • Rangs pour le haut

En jouant pour le haut, où il faut composer la meilleure main possible, l'ordre des combinaisons est basé sur les probabilités de compléter une main en particulier. Par exemple, un triple vaut plus qu'une paire, puisqu'il est plus difficile d'avoir 3 cartes identiques dans sa main que d'en avoir 2. Au total, dans une main de 5 cartes, il y a 2 598 960 combinaisons possibles. Voici un tableau qui précise les noms des combinaisons, le nombre de ces combinaisons qu'il est possible de faire dans une main et les probabilités de l'obtenir dans une main :

PROBABILITÉS - MAIN DE 5 CARTES

Main	Nombre	Cotes approximatives
Séquence royale	4	649 000 contre 1
Séquence de couleur	36	72 192 contre 1
Carré *	624	4 164 contre 1
Main pleine	3 744	693 contre 1
Couleur	5 108	508 contre 1
Suite	10 200	254 contre 1
Brelan (ou Set)	54 912	46 contre 1
Deux paires	123 552	20 contre 1
Paire	1 098 240	1,37 contre 1
À la carte	1 302 540	1 contre 1

* Il n'y a que 13 types de carrés possibles (un de chaque rang),
mais ces probabilités tiennent compte du fait que la 5ᵉ carte varie.

4.3.1 • À la carte

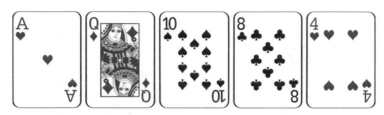

Une main à la carte, ou à l'as comme la main ci-dessus, est une main qui a 5 cartes de rangs différents, qui ne se suivent pas et qui ne sont pas de la même sorte. Si deux joueurs ont une main à la carte, il faut considérer la carte la plus élevée pour en déterminer le gagnant. Par exemple, **K ♦ Q ♥ 8 ♠ 6 ♣ 3 ♥** bat **J ♠ T ♥ 7 ♣ 3 ♦ 2 ♥** puisque le roi est plus fort que le valet.

4.3.2 • Une paire

Une paire est constituée de deux cartes de même rang. Si deux joueurs ont une paire chacun, la main gagnante sera celle qui contient la paire la plus élevée. Si les deux joueurs ont une paire de même rang, on considèrera une 3e carte (et une 4e et 5e si nécessaire). Par exemple, **T ♥ T ♠ K ♦ 5 ♣ 4 ♥** bat **T ♦ T ♣ 9 ♠ 3 ♠ 2 ♠** puisque le roi est plus fort que le neuf. On appellera cette main une paire de dix au roi.

26

4.3.3 • Deux paires

Comme son nom l'indique, cette main est composée de deux paires différentes. Si deux joueurs ont chacun deux paires, on considère la paire la plus haute pour déterminer le gagnant. Par exemple, **Q♠ Q♥ 4♦ 4♥ T♥** bat **9♣ 9♦ 5♥ 5♠ 8♣** puisque la dame est plus forte que le neuf. Si les deux joueurs ont une paire la plus forte de même rang, on considère alors la seconde paire. Ainsi, **Q♦ Q♥ T♥ T♠ 2♣** bat **Q♣ Q♠ 5♥ 5♦ 8♣** puisque le dix est plus fort que le cinq. Si les deux joueurs ont les mêmes 2 paires, on considèrera la 5e carte.

4.3.4 • Brelan

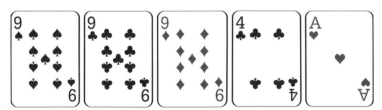

Un brelan est une main qui compte 3 cartes du même rang. Lorsque deux joueurs ont chacun un brelan, le gagnant sera celui qui a le brelan le plus élevé. Ainsi, **K♦ K♥ K♠ 5♠**

3 ♠ bat **T ♦ T ♣ T ♥ 8 ♠ 4 ♠** puisque le roi est plus fort que le dix. Si les deux joueurs ont le même brelan, on considère la 4e carte (et la 5e carte si leur 4e carte est du même rang). Par exemple, **T ♦ T ♥ T ♠ A ♣ 8 ♥** bat **T ♦ T ♥ T ♣ J ♦ 9 ♠** puisque l'as est plus fort que le valet. Vous vous demandez comment il est possible d'avoir autant de dix dans un paquet de cartes. Une telle situation peut exister dans certaines variantes du poker qui se jouent avec plusieurs cartes communes ouvertes au centre de la table. Si il y a une paire de dix sur la table et que deux joueurs on chacun un dix dans leur main, il est alors possible d'avoir deux brelans de même valeur.

D'ailleurs, dans les variantes à flop, comme le Texas Hold'em et le Omaha, que nous verrons en détails plus loin, on appellera « set » un brelan composé d'une paire dans votre main et d'une troisième carte du même rang sur le tableau, qui sont les cartes ouvertes et communes.

4.3.5 • Suite

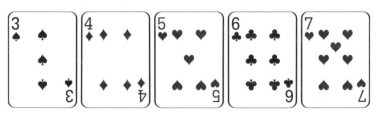

Une suite est une série de 5 cartes qui se suivent. Si deux joueurs ont des suites, on regarde la carte la plus élevée pour déterminer le gagnant. Par exemple, la suite **Q ♥ J ♠ T ♣**

9 ♥ 8 ♠ bat la suite **9 ♦ 8 ♣ 7 ♥ 6 ♦ 5 ♣** puisque la dame est plus élevée que le neuf. Dans les suites, l'as peut être utilisé, selon votre main, avec une valeur de 1 ou de 14. Ainsi, **A ♠ 2 ♥ 3 ♣ 4 ♦ 5 ♠** est une suite valable. Il s'agit d'une suite au 5 (et non à l'as). On appelle cette main un « Bicycle ». Si la suite est à l'as (AKQJT), elle est surnommée « Broadway ». Notez toutefois que l'as ne peut servir de pont pour faire une boucle entre le Roi et le 2. Ainsi, QKA23 n'est pas une suite permise.

4.3.6 • Couleur

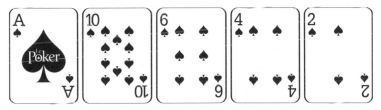

Une couleur est une main qui comporte cinq cartes de la même sorte. Contrairement à la croyance populaire, les sortes ne sont jamais utilisées pour déterminer la main gagnante, car les probabilités de recevoir un pique sont égales à celles de recevoir un cœur. Ce qui détermine le gagnant est la carte la plus élevée. Par exemple, **A ♥ T ♥ 9 ♥ 5 ♥ 4 ♥** bat **J ♠ T ♠ 6 ♠ 4 ♠ 2 ♠** puisque l'as est plus fort que le valet. Si les joueurs ont une carte de même rang comme carte haute, on considère la seconde carte la plus forte et ainsi de suite. Par exemple, **A ♣ K ♣ 4 ♣ 3 ♣ 2 ♣** bat **A ♥ T ♥ 7 ♥ 6 ♥ 4 ♥** puisque le roi est plus fort que le dix. Si deux joueurs ont exactement les mêmes cartes, le pot sera divisé en deux.

4.3.7 • Main pleine

Une main pleine est une main composée d'un brelan et d'une paire. Si deux joueurs ont une main pleine, ont tient compte du brelan le plus élevé pour déterminer le gagnant. Par exemple, **J♣ J♦ J♥ 2♠ 2♥** bat **7♦ 7♥ 7♠ 9♣ 9♦**, puisque le valet est plus fort que le sept. Dans les variantes qui utilisent des cartes communes, si deux joueurs partagent le même brelan, on considèrera la paire pour déterminer la main gagnante. Par exemple, **J♣ J♦ J♥ 9♥ 9♠** bat **J♠ J♦ J♥ 3♠ 3♥**.

4.3.8 • Carré

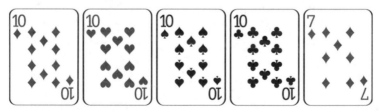

Un carré est une main qui comporte 4 cartes du même rang. Lorsque deux joueurs ont un carré, le carré le plus élevé l'emporte. Par exemple, **K♣ K♦ K♥ K♠ 2♠** l'emporte sur **T♣ T♦ T♥ T♠ 7♦** puisque le roi est plus fort que le dix.

Dans les variantes qui utilisent des cartes communes, comme nous le verrons plus loin, il est possible pour deux joueurs de partager le même carré. La 5ᵉ carte sera alors considérée pour déterminer le gagnant. Le joueur ayant la carte la plus haute l'emportera. Si les deux joueurs ont la même cinquième carte, ils se sépareront les enjeux. Encore une fois, on ne considère jamais la sorte des cartes ni une 6ᵉ carte dans le cas des formules de poker qui utilisent plus de 5 cartes.

4.3.9 • Séquence de couleur

Une séquence de couleur est composée de 5 cartes qui se suivent et qui sont de la même sorte. Par contre, la suite ne peut pas être à l'as, puisqu'il s'agirait à ce moment d'une séquence royale.

Si deux joueurs ont des séquences de couleur, on tient compte de la carte la plus élevée pour déterminer le gagnant. Par exemple, une séquence comme Q ♥ J ♥ T ♥ 9 ♥ 8 ♥ bat 9 ♦ 8 ♦ 7 ♦ 6 ♦ 5 ♦ puisque la dame est plus élevée que le neuf. Comme nous l'avons expliqué précédemment, le fait qu'une séquence soit en carreau et l'autre en cœur n'a aucune incidence sur le gagnant. Au Stud par exemple, deux joueurs pourraient avoir deux séquences de couleur, mais de sortes différentes. Encore ici, si deux joueurs ont des suites égales, le pot est divisé à deux.

4.3.10 • Séquence royale

La meilleure main possible est la séquence royale. Cette main est composée d'un as, d'un roi, d'une reine, d'un valet et d'un dix de la même sorte. Par exemple, une main ayant **A ♣ K ♣ Q ♣ J ♣ et T ♣** est une séquence royale en trèfle. Il faut absolument que l'on ait une suite du dix à l'as pour avoir une séquence royale.

4.4 • Rang pour le bas

Dans les variantes jouées pour le bas (appelé lowball en anglais), l'objectif est de compléter la pire main de poker. Une main n'ayant pas de paire vaut plus qu'une main ayant un bre-lan. De plus, au bas traditionnel, les suites et les couleurs ne comptent pas, c'est-à-dire que si vous avez une suite ou une couleur, on ignore cet aspect de votre main. La meilleure main possible pour le bas est donc A2345 (qui est en fait une suite si l'on joue pour le haut) qu'elle soit de la même sorte ou non.

Pour bien comprendre comment déterminer quelle main est plus forte au bas, il suffit de considérer la main comme s'il s'agissait d'un nombre. Par exemple, **A ♠ 2 ♥ 4 ♣ 5 ♠ 8 ♦** devient « 85 421 » (l'as compte pour 1) et **3 ♥ 4 ♦ 5 ♦ 6 ♠ 7 ♣** devient « 76 543 ». De cette façon, il est facile de déterminer

32

que la suite 3 ♥ 4 ♦ 5 ♦ 6 ♠ 7 ♣ est la main gagnante ici, puisqu'elle se convertit en un nombre plus bas que A ♠ 2 ♥ 4 ♣ 5 ♠ 8 ♦ . Évidemment, il est important de s'assurer que la main ne contient pas de paire, ce qui dans cette version du poker devient plus faible qu'une série à la carte. Par exemple, la main A2458 bat A245K qui bat à son tour AA234 qui contient une paire.

En résumé, souvenez-vous simplement de commencer par la carte la plus haute et non le contraire pour évaluer la force de votre main.

4.5 • Rang pour le haut-bas

Dans certaines versions, comme le Omaha haut-bas, dont nous traiterons plus loin, le total des enjeux est divisé en deux entre la meilleure main haute et la meilleure main basse. Il est possible pour la même main de remporter les deux côtés et ainsi de remporter le pot en entier. Par exemple, un bicycle, A2345, est la meilleure main possible pour le bas, mais c'est aussi une suite pour le haut. Si aucune main n'est plus forte pour le haut, elle remportera toutes les mises.

5

Procédures générales de jeu

5.1 • L'action

Au poker, durant une ronde d'enchères, un joueur peut choisir parmi l'une des cinq actions suivantes lorsque vient son tour de parler. Il peut miser, relancer, égaliser, se coucher ou passer. Dans la plupart des cas, plusieurs de ces options sont possibles. Par contre, certaines actions dépendent des déclarations qu'ont faites précédemment vos adversaires. Voyons-les en détail.

Miser, comme le mot l'indique, c'est placer une mise (de l'argent) dans le pot. Si un joueur veut ensuite augmenter la mise, il doit relancer. Relancer, c'est simplement ajouter à la mise initiale. Donc un joueur pourrait miser 5$ et son adversaire relance à 10$ (il ajoute 5$ de plus).

Pendant la période d'enchères, lorsqu'il y a une mise ou une relance faite par un ou des adversaires qui jouent avant nous, trois actions sont possibles : égaliser la mise, sur-relancer ou se coucher. Si l'on veut continuer avec notre main, on peut égaliser le montant qui a été misé (soit par une mise ou une relance) ou sur-relancer, c'est-à-dire miser une somme supérieure à la relance. Si notre main n'en vaut plus la peine, il est alors possible de se coucher. Se coucher, signifie abandonner notre main sans qu'il nous en coûte plus d'argent. Lorsque notre main est couchée, elle est morte, et il ne nous est plus possible de remporter le pot.

Lorsque aucun joueur n'a misé ou relancé et que vient votre tour de parler, vous pouvez soit miser, soit passer. Passer, c'est laisser la parole au prochain joueur. Votre main est toujours vivante et vous aurez droit de parole lorsque les autres joueurs autour de la table auront fait leur déclaration. Il y a deux façons d'indiquer que vous souhaitez passer. Vous pouvez dire « je passe » ou cogner la table deux ou trois fois pour indiquer votre intention.

Dans plusieurs variantes, on utilise un « bouton » pour désigner quel joueur a droit de parole en dernier. Celui qui a le bouton sera donc le dernier à agir durant chaque tournée d'enchère. L'action débutera avec le joueur à la gauche du bouton, et se poursuivra dans le sens des aiguilles d'une montre jusqu'au bouton.

5.2 • Pisses et Blinds

Peu importe la variante jouée, des pisses ou des blinds doivent être placées avant que l'on donne les cartes. Il s'agit ici de stimuler les enchères. Sans ces mises obligatoires, il n'y aurait rien à gagner dans le pot avant la donne, ce qui ferait du poker un jeu plutôt ennuyant. La meilleure stratégie consisterait alors à ne jouer que les meilleures mains puisqu'il ne coûterait rien d'attendre. Nous reviendrons plus tard sur l'effet de ces blinds et de ces pisses sur la stratégie. Chaque variante utilise un ou deux blinds ou une pisse. Parfois, les deux sont utilisés.

5.2.1 • Pisses

Une pisse, c'est une mise initiale qui est placée par chaque joueur avant la donne. Si vous avez joué au poker dans le passé, vous avez probablement utilisé une pisse pour stimuler l'action.

De nos jours, une pisse est utilisée dans les variantes de Stud et au Draw. Dans ces formules de poker, avant que le donneur ne distribue les cartes, chaque joueur doit placer un montant dans le pot. Par exemple au Stud 5-10, que nous verrons plus loin, la pisse est de 50 cents.

Les pisses sont également considérées comme des mises mortes. Une mise morte est une mise placée dans le pot qui n'est plus prise en considération dans l'action. Elle est oubliée pour le reste de la main.

5.2.2 • Blinds

Les blinds sont généralement placés par les deux joueurs immédiatement à la gauche du donneur. Le premier joueur place le petit blind (SB) et le second le gros blind (BB). Le petit blind varie ordinairement de 1/3 à 1/2 du gros blind.

Les blinds sont considérés comme étant des mises vivantes. Une mise vivante est une mise qui est toujours en jeu. Par exemple, si j'ai placé un blind de 5$ et un joueur relance à 10$, il ne m'en coûte que 5$ de plus pour égaliser. Si l'on utilisait une pisse, il aurait fallu ajouter 10$ pour égaliser.

5.3 • Donne

Le joueur à la gauche du donneur reçoit la première carte, et la donne se poursuit dans le sens de rotation des aiguilles d'une montre jusqu'à ce que toutes les cartes nécessaires aient été distribuées. Traditionnellement, avant chaque distribution de cartes suivant la donne initiale, la carte du dessus du paquet doit être écartée (on dit alors qu'elle est brûlée). Historiquement, cette pratique a été mise en place pour empêcher les tricheurs qui marquent les cartes de pouvoir ensuite les identifier. Si une carte ainsi marquée se trouvait sur le dessus du paquet et qu'ils en connaissaient la valeur, cela les aidaient pour la suite du jeu. Comme la carte du dessus du paquet est désormais écartée au moment de la donne suivante, le tricheur ne peut savoir quelle carte sera distribuée au prochain tour.

5.4 • Déroulement du Jeu

Voici une série de règles d'éthique universelles qui assurent le bon déroulement d'une partie de poker.

Chaque joueur doit parler à son tour. C'est un avantage pour votre adversaire de savoir que vous avez l'intention de vous coucher. Donc efforcez-vous de parler seulement lorsque vient votre droit de parole. Par exemple, ne vous couchez pas avant votre tour.

Chaque joueur devrait déclarer rapidement. Si vous avez besoin de plus de temps demandez-le, tout simplement. Jouer dans un délai raisonnable permet à tous les joueurs de voir plus de mains et ainsi d'atténuer l'incidence de la chance à court terme.

Il incombe à chaque joueur de s'assurer de ne pas montrer ses cartes à ses adversaires. Il est clair qu'un adversaire qui a vu une ou plusieurs de vos cartes a un avantage énorme sur vous et les autres joueurs.

Chaque joueur est responsable de protéger ses cartes. Si vous n'y faites pas attention et qu'elles entrent en contact avec d'autres cartes, votre main pourrait être déclarée morte. Par ailleurs, si vous ne protégez pas vos cartes, le donneur pourrait les jeter par erreur. Généralement, pour éviter que cela ne se produise, les joueurs placent des jetons ou un petit objet fétiche sur leurs cartes pour les protéger. Si un objet est placé sur vos cartes et qu'elles entrent en contact avec d'autres cartes, elles ne seront pas déclarées mortes, parce qu'elles seront facilement identifiables.

Afin d'éviter la confusion et de faciliter le déroulement de la partie, chaque mise devrait être placée devant le joueur et non pas directement dans le pot durant une tournée d'enchères. Ça permet au donneur de vérifier que la bonne somme a été ajoutée au montant des enjeux.

Chaque joueur devrait annoncer verbalement ses intentions. Si vous ne dites pas que vous relancez, dans certains tournois, vous pourriez ne pas avoir le droit de placer votre relance.

Un joueur ne peut miser plus que ce qu'il a devant lui. Cela signifie qu'un joueur ne peut retourner dans son portefeuille pendant une main pour aller chercher de l'argent. Il peut seulement parier ce qu'il a devant lui, ce qui est aussi appelé « le tapis ». Il est possible de rajouter de l'argent à son tapis seulement entre deux mains.

Un joueur ne peut pas retirer ses jetons de la table durant la partie, tous ses profits doivent rester en jeu jusqu'à son départ.

Il faut toujours faire preuve de « fair play ». Par exemple, il serait très mal vu, qu'avant votre tour de parole, vous cogniez sur la table comme si vous aviez l'intention de vous coucher et qu'au moment de parler vous relanciez.

5.5 • Dévoilement

Le premier joueur qui doit retourner ses cartes est celui qui a misé ou relancé le dernier. Par la suite, dans le sens des aiguilles d'une montre, chaque joueur toujours impliqué dans la main peut, s'il le désire, ouvrir sa main. À l'exception du premier joueur, personne n'est tenu de montrer sa main. Les joueurs doivent retourner leurs cartes seulement s'ils veulent contester le pot, c'est-à-dire s'ils veulent montrer une meilleure main. Les joueurs battus peuvent tout simplement coucher leur main sans dévoiler leurs cartes. Ainsi, on peut éviter de donner de l'information à nos adversaires lorsque ce n'est pas nécessaire.

S'il n'y a pas eu de mise durant la dernière tournée d'enchères, le dévoilement débute par le premier joueur à la gauche du donneur et se poursuit dans le sens des aiguilles d'une montre. Les joueurs sont obligés de dévoiler leur jeu seulement s'ils veulent contester le pot.

S'il y a égalité entre deux joueurs au dévoilement, le pot est séparé en deux. Rappelez-vous qu'une main de poker est toujours composée de cinq cartes, sans exception. Il ne faut jamais considérer une sixième carte pour déterminer un gagnant, même dans les variantes qui utilisent plus de cinq cartes.

En terminant, il est contraire à l'étiquette de feindre d'être battu pour retourner ensuite la meilleure main. Il s'agit là d'un manque de respect envers vos adversaires. Pendant l'action, illusion et manipulation font parties du poker. Lorsque le jeu est terminé, on devrait agir en « gentleman » et éviter de vouloir surprendre son adversaire en lui dévoilant faussement sa main.

Le poker est un jeu qui comporte une grande quantité de règles autant techniques qu'éthiques. Pour bien apprécier le jeu, il faut jouer selon ces règles. Je vous conseille donc d'instaurer ces règles dans vos parties amicales, afin de bien standardiser votre jeu.

6

La Structure d'une partie de poker

La structure de partie détermine les sommes que les joueurs peuvent miser au cours d'une main. Les mises peuvent être d'un montant fixe ou à votre choix, selon la structure adoptée. Il existe trois types de gageures au poker, soit la limite fixe, la limite du pot et le sans limite.

6.1 • Limite fixe

Dans cette formule, le montant des mises est fixé à l'avance et est le même pour tous les joueurs.

Par exemple, si vous jouez au 5-10, les mises sont invariablement de 5$ au cours des premières tournées d'enchères et de 10$ pour les dernières tournées d'enchères. Si la tournée est à 5$, un joueur doit placer une mise de 5$, pas plus, pas moins. Si un joueur désire relancer, il le fait de 5$ également, pour un total de 10$. Chaque mise doit être faite en incréments de 5$ (et ensuite de 10$ pour les dernières rondes).

Cette formule d'enchères aide les joueurs de moins bon calibre, puisqu'ils ne peuvent pas faire une trop grosse erreur. Au 5-10, un joueur ne peut perdre plus de 5 ou 10 dollars sur une mise. Dans les autres structures, un joueur peut perdre son tapis au complet au cours d'une tournée d'enchères, ce qui peut être désastreux pour le joueur plus faible.

6.2 • Limite du Pot

Lorsque la structure est à la limite du pot (ou PL), cela signifie que chaque joueur peut miser ou relancer d'un montant égal au pot. S'il y a 100$ dans le pot, le maximum qu'un joueur peut miser est de 100$. Dans certains casinos, le montant du pot est arrondi à un montant plus facile à gérer. Par exemple, s'il y a 98$ dans le pot, un joueur pourra miser 100$.

Lorsqu'un joueur a misé, il faut prendre en considération le montant de la mise et l'inclure dans le pot pour déterminer le montant total du pot. De la même façon, si un joueur désire relancer la mise, on doit ajouter le montant à égaliser et l'ajouter au pot pour connaître le nouveau montant maximum possible de relance. C'est un peu complexe comme calcul, mais on s'habitue à force de jouer.

Par exemple, s'il y a 100$ au centre de la table et que mon adversaire mise 50$, je dois d'abord égaliser le 50$ ce qui fait un total de 200$ dans le pot (100$ original + 50$ de la mise + 50$ de mon appel). Je peux ensuite relancer d'un montant maximal de 200$ (la nouvelle valeur du pot) pour une mise totale de ma part de 250$ (50$ d'appel et relance de 200$).

Dans cette formule d'enchères, la somme minimum que l'on doit miser est équivalente au montant du gros blind. Donc, si les blinds sont de 5$ et 10$, la mise minimum au cours d'une main est de 10$. Contrairement à la limite fixe, la mise ne double pas dans les dernières tournées. La mise minimum est toujours de 10$ tout au long de la main.

Lorsqu'un joueur désire relancer, le montant de sa relance doit être, au minimum, équivalent à la somme de la mise ou de la relance qui est devant lui. Par exemple, si un joueur mise 100$, son adversaire doit relancer au moins à 200$ (100$ pour égaliser et 100$ pour relancer). De la même façon, si le gros blind est de 100$, la relance minimum est de 100$ pour un total de 200$. Un joueur peut relancer de tout montant de plus de 200$ jusqu'à concurrence de ce qu'il y a dans le pot (en autant, bien entendu, qu'il ait ce montant devant lui).

Si un joueur désire sur-relancer, il se doit de le faire en misant au moins le montant de la relance. Ainsi, dans le cas où un joueur relance le gros blind qui est 100$ à un total de 325$ soit une relance de 225$, un joueur suivant doit relancer à 550$ minimum (225$ pour égaliser et 225$ additionnel pour la relance).

6.3 • Sans limite

La structure sans-limite (ou NL) ressemble beaucoup à la formule « limite du pot » que nous venons de voir. La principale différence tient au fait que chaque joueur peut miser tout son tapis à n'importe quel moment durant la main. Même si le pot contient 200$, un joueur peut miser 1000$. Ici aussi, la relance minimale est toujours au moins égale à la somme du gros blind.

6.4 • L'incidence des structures d'enchères

De plus en plus de nouveaux joueurs préfèrent jouer au poker sans limite, en grande partie parce que c'est cette variante qui est la plus populaire en tournoi, et ce sont ces tournois que nous voyons le plus à la télévision. C'est cependant la formule la plus complexe et celle où les meilleurs joueurs ont un avantage considérable sur les débutants. Je conseille donc fortement à ceux qui commencent à jouer de débuter avec une variante qui limite les mises. Les pertes, s'il y en a, seront moins importantes, car, si vous faîtes une erreur, vous ne pouvez perdre qu'une seule mise. Au PL ou au NL, vous pouvez perdre tout votre tapis en une seule main. C'est à prendre avec des gants blancs.

7

Types de variantes de Poker

7.1 Texas Hold'em

7.1.1 • La donne

Le Texas Hold'em se joue habituellement avec 9 ou 10 joueurs autour de la table et avec des blinds. C'est de loin la formule la plus populaire dans le monde.

Lorsque les deux joueurs à la gauche du donneur, emplacement qu'on appelle aussi le bouton, ont placé les blinds, deux (2) cartes sont données face vers le bas à chaque joueur de la table.

Ensuite, le joueur à la gauche du gros blind (troisième à partir du donneur), celui que l'on surnomme le joueur « sous pression » est le premier à parler. Il peut égaliser le gros blind, relancer ou coucher sa main. L'action se poursuit ainsi de suite jusqu'au bouton. Si l'un des joueurs décide de relancer, les joueurs qui suivent doivent maintenant égaliser le montant de la relance, et non le montant du gros blind.

Lorsque l'action est au petit blind, ce joueur peut soit coucher sa main, soit compléter la mise, soit relancer.

S'il décide de jouer sa main, il n'aura qu'à combler la différence entre le montant total de la mise et le montant de son petit blind. Par exemple si la mise est de $10 et que le petit blind vaut 2$, il devra ajouter 8$. S'il couche sa main, il perdra ses deux dollars. Il en va de même pour celui qui a placé le gros blind. Par contre, s'il n'y a pas eu de relance le gros blind aura déjà misé le bon montant dans le pot. Ce joueur aura donc l'option de relancer la mise ou de passer. Lorsque tous les joueurs ont placé le même montant dans le pot, la première vague d'enchères est terminée.

7.1.2 • Le flop

La première tournée d'enchères complétée, trois cartes communes, que l'on surnomme « le flop », sont retournées face vers le haut au centre de la table. Ces cartes sont dites communautaires. Tous les joueurs encore actifs dans cette main peuvent les utiliser pour compléter leur jeu. Le tout formera ce que l'on appelle le tableau de la main.

Vient alors une seconde tournée d'enchères, l'action débutant avec le premier joueur actif à la gauche du bouton. Cela veut dire que les joueurs qui ont placé les blinds ne parlent plus en dernier, mais bien en premier pour le reste de la main (s'ils sont toujours dans la main).

Durant cette tournée et les suivantes, les joueurs peuvent passer ou miser si personne n'a misé quand c'est à leur tour de parler. Toutefois, si un joueur fait une mise, les autres ne peuvent plus passer. Ils ont alors le choix de se coucher, d'égaliser ou de relancer.

7.1.3 • Le tournant

Une quatrième carte communautaire, appelée le « tournant »
est ensuite ouverte au centre de la table, et une autre tournée
d'enchères débute. Dans les parties de Hold'em à limite fixe,
les mises doublent à partir de cette tournée. Par exemple, au
Hold'em 5-10, la mise minimale au tournant est de 10$ et la
relance minimale passe à 20$, soit 10$ de plus.

7.1.4 • La rivière

La dernière carte commune, connue sous le nom de « rivière »,
est placée au centre de la table. Il y a donc cinq cartes ouvertes
communes sur la table. La dernière tournée d'enchères commence. Lorsque tous les joueurs qui ne se sont pas couchés ont
placé le même montant dans le pot, nous arrivons à la dernière
étape, le dévoilement.

7.1.5 • Le dévoilement

Le dévoilement est la conclusion d'une main. Rappelons
qu'une main de Hold'em est formée de n'importe quelle
combinaison des deux cartes privées d'un joueur et des cinq
cartes communes qui sont ouvertes au centre de la table. Pour
fabriquer la meilleure main de poker possible le joueur peut
utiliser une ou deux de ses cartes. Il peut même n'en utiliser
aucune, mais dans ce cas, il sera minimalement à égalité avec
les autres joueurs car il n'emploiera que les cartes communes.
Quelle que soit la décision du joueur, n'oubliez pas qu'une
main de poker est toujours formée de seulement cinq cartes.

Si un joueur a **7 ♠ 7 ♦** dans ses mains, voici quelques exemples des mains qu'il pourra former à partir des cartes communes (aussi appelées tableau) qui auront été ouvertes :

Tableau	Main du joueur
J♥ 4♥ 3♠ 5♦ 2♦	7 7 J 5 4 – Paire de sept au valet
T♠ T♦ Q♠ Q♣ K♦	Q Q T T K – Deux Paires dame et dix, au roi
T♥ K♠ 7♣ A♣ 5♥	7 7 7 A K - Brelan de sept à l'as
T♥ J♠ Q♠ K♣ A♦	T J Q K A – Suite à l'as
4♠ Q♠ 8♠ 2♠ A♠	A Q 8 7 4 – Couleur à l'as en pique

Après avoir comparé chaque main des joueurs toujours actifs, le pot est attribué à celui ayant la meilleure main de poker. Si deux joueurs ou plus ont la même main, comme dans le cas de la suite à l'as (la meilleure main possible se trouve sur le tableau, et donc chaque joueur restant joue cette suite), le pot est divisé également entre les joueurs toujours actifs.

Stud à 7 cartes

7.2.1 • La donne

Le Stud à sept cartes se joue généralement avec 8 joueurs, chacun plaçant une pisse avant la donne. Au cours de la main, chaque joueur recevra 3 cartes de départ, soit deux cachées et une ouverte. Une première tournée d'enchères, appelée la 3e avenue, suivra.

Ensuite, chaque joueur recevra 3 autres cartes ouvertes – les 4e, 5e et 6e avenues – chacune séparée par une tournée d'enchères. Une dernière carte fermée, la rivière ou 7e avenue, est ensuite donnée pour un total de sept cartes.

Le Stud est habituellement joué avec des limites fixes, et tel que mentionné plus haut, les mises changent dépendamment de la tournée d'enchère. Au Stud 5-10, les mises et relances doivent être de 5$ sur la 3e et 4e avenue et de 10$ sur la 5e, 6e et 7e avenue.

7.2.2 • Les enchères

Contrairement aux variantes de flop comme le Hold'em ou le Omaha, le Stud n'a pas de bouton proprement dit, c'est-à-dire que la position et l'ordre dans lequel les joueurs parleront n'est pas fixé avant la donne. Cet ordre dépendra des cartes visibles devant les joueurs.

À la donne initiale, deux cartes face vers le bas et une face vers le haut (appelée la porte) sont distribuées en commençant par le joueur à la gauche du donneur. Le joueur ayant la porte la plus basse doit obligatoirement placer l'ouverture, un montant préalablement déterminé. Au Stud 5-10, la pisse est habituellement de 50¢ et l'ouverture est de 2$.

Si les cartes de porte des joueurs sont **4 ♠ 8 ♦ K ♥ Q ♠ 5 ♣ 2 ♥ K ♣ J ♦**, le joueur ayant le 2 ♥ doit placer le 2$ devant lui. Cette mise est vivante, ce qui signifie que si la mise est relancée par exemple à 5$, il devra ajouter 3$ pour combler la différence entre 5$ et 2$ s'il veut continuer avec sa main.

Si deux joueurs ont une porte de même rang comme le 3 ♥ et 3 ♦, on différenciera les cartes à l'aide des sortes, soit Pique, cœur, Carreau et Trèfle ; Pique étant la plus forte. Donc dans ce cas-ci, le joueur avec le 3 ♦ devrait placer l'ouverture.

Lorsque l'ouverture a été placée, l'action débute avec le joueur qui se trouve à la gauche de celui qui a ouvert. Ce joueur a le choix d'égaliser l'ouverture, de compléter la mise (à 5$) ou de coucher sa main. L'action se poursuit ainsi jusqu'à ce que tous les joueurs toujours impliqués dans la main aient mis le même montant dans le pot.

Dans l'exemple du Stud haut 5-10, chaque joueur place une pisse de 50 cents avant la donne. Sur la 3e avenue, le joueur ayant la carte la plus basse, par exemple le 2c (le 2 de trèfle) doit obligatoirement ouvrir pour un montant de 2$ (il ne peut pas se coucher). Les autres joueurs peuvent ensuite égaliser le 2$ ou relancer à 5$, en complétant la mise. Un joueur peut ensuite relancer de 5$, pour un total de 10$.

À partir des enchères de la 4e avenue, le joueur ayant le tableau le plus fort parle en premier mais il n'y a pas d'ouverture obligatoire. Il peut miser ou passer.

Si la carte tournée devant un joueur à la 4e avenue lui permet de former une paire avec sa carte déjà ouverte, ce joueur a l'option de doubler les limites immédiatement au lieu d'attendre à la 5e avenue. S'il opte pour passer, un autre joueur impliqué dans la main peut doubler les limites en gageant la mise complète. Par exemple, au Stud haut 5-10, le joueur qui aurait un tableau montrant une paire de cinq, aurait l'option de miser 10$ sur la 4e avenue. Un adversaire pourrait ensuite relancer de 10$ pour un total de 20$.

7.2.3 • Situations Spéciales

Peut-être vous demandez-vous ce qui arrive si chaque joueur d'une table suit jusqu'à la rivière, puisqu'il manquera des cartes. En effet, huit joueurs et 7 cartes nécessiteraient un total de 56 (et il n'y en a que 52 dans un paquet). Sachez d'abord que cette situation est très rare, et que je ne l'ai personnellement jamais vue. Toutefois, si jamais ça arrive, la procédure veut que le donneur reprenne les cartes brûlées et qu'il les mélange avec celles qui restent du paquet (pas celles déjà couchées par les joueurs, celles qui n'ont pas été encore distribuées). S'il n'y en a toujours pas un nombre suffisant, le brasseur devra placer une carte communautaire (comme au Hold'em et au Omaha) face vers le haut au centre de la table. Cette carte servira de 7e carte à chaque joueur toujours actif dans cette main.

7.3 • Omaha

Le Omaha se joue généralement avec 9 ou 10 joueurs par table et des blinds. Quatre (4) cartes sont données face vers le bas à chaque joueur et, ensuite, au total, cinq (5) cartes seront ouvertes au centre de la table. Le déroulement de la main est exactement le même qu'une main de Texas Hold'em, avec des blinds avant le flop, un flop, un tournant et une rivière.

Pour le dévoilement par contre, chaque joueur doit absolument utiliser 2 cartes de sa main et 3 du tableau pour former la meilleure main de poker. Ni plus, ni moins ; toujours 2 de sa main et 3 du tableau.

7.3.1 • Omaha haut

La meilleure main haut de poker en utilisant 2 cartes de sa main et 3 du tableau remporte le pot.

7.3.2 • Omaha haut-bas (8 ou mieux)

Les règles sont les mêmes sauf que le pot sera divisé en deux au dévoilement. La meilleure main haute gagne automatiquement la moitié du pot. La seconde moitié est attribuée au meilleur bas, s'il y a lieu. Pour avoir un bas, il faut avoir une combinaison de cinq cartes au 8 au maximum, sans paire. Si aucun bas n'est éligible, la meilleure main haute gagne entièrement le pot. Un joueur peut utiliser 2 cartes différentes pour le haut ou le bas.

Ex. : le tableau est 3 ♦ 7 ♣ K ♦ 6 ♦ 7 ♦
Joueur 1 : A ♦ 2 ♣ T ♣ K ♣
Haut : Deux paires roi et 7 - KK77A et bas : Meilleur bas avec A2367
Joueur 2 : K ♠ K ♣ Q ♦ 9 ♣
Haut : Meilleur haut avec une Main Pleine KKK77 et pas de bas éligible.
Joueur 3 : 2 ♦ 8 ♣ 7 ♠ J ♦
Haut : Couleur K ♦ J ♦ 7 ♦ 6 ♦ 2 ♦ (doit absolument utiliser J ♦ et 2 ♦) et bas de 23678

53

8

Les mathématiques du poker

Les mathématiques sont à la base de tous les jeux. Bien qu'une bonne stratégie au poker repose constamment sur des principes mathématiques, il ne s'agit pas de calculs très complexes. Avec un peu de mémoire, et quelques calculs très simples, vous pouvez maîtriser les aspects mathématiques du poker.

8.1 • Cotes et probabilités

Avant d'entreprendre la lecture des stratégies de base, il vous faut comprendre ce que sont les cotes et les probabilités. Puisque le poker est un jeu ayant une base mathématique, il est crucial de bien maîtriser certains concepts statistiques. Les cotes et les probabilités sont en fait la même chose, mais présentent différemment le taux de possibilité de réussite.

Prenez l'exemple d'un dé à six faces. Si je vous demande quelle est la probabilité d'obtenir le chiffre 4 lorsque vous lancerez un dé, vous devez considérer le nombre de possibilités de tirer un 4 sur le nombre total de résultats. Vous obtiendrez en moyenne le 4 une fois sur six, puisqu'il y a six chiffres sur un dé et qu'un seul 4. La probabilité d'obtenir un 4 est donc 1/6 ou 0,167 ou 16,7 %. Les probabilités sont présentées en fractions. 1/6 est la même chose que 0,167 ou que 16,7%. Ce sont toutes des fractions. Vous obtiendrez 0,167 en divisant 1 par 6.

Pour présenter le résultat en pourcentage, il faut tout simplement multiplier 0,167 par 100, ce qui donne 16,7%.

Si je vous demande maintenant quelle est la cote pour obtenir un 4, vous devez tout simplement transformer ce 1/6 et le présenter autrement. Les cotes sont présentées en termes de nombre de « ratés » versus nombre de « réussites ». Sur les 6 chiffres, il y a cinq chiffres qui ne sont pas un 4, et un seul qui l'est. La cote est donc de 5 contre 1 ou 5:1. En cotes, on présente toujours le nombre de ratés en premier (5) contre le nombre de réussites (1).

Et une cote de 5:1 est synonyme de 1/6 et 16,7%.

Si la probabilité d'un événement est 1/20 (ou 5%), la cote est de 19 contre 1. Si la probabilité d'un événement est 3/20 (ou 15%), la cote est de 17 contre 3 ou en divisant les deux chiffres la cote est de 5,67 contre 1.

8.2 • Espérance mathématique

Les cotes ou probabilités sont souvent utilisées dans les jeux de hasard pour déterminer si un pari est profitable ou non. L'idée est de comparer le montant à gagner aux chances de gagner le pari.

Supposons par exemple que nous parions ensemble sur le résultat du lancer d'un dé. Si le dé retourne un 4, vous me donnez 30$, et s'il retourne un 1, 2, 3, 5 ou 6, je vous donne 10$. Est-ce un bon pari pour moi ?

Pour déterminer si c'est un bon pari pour moi, comparons les chances de gagner au montant remporté. En moyenne sur 6 lancés, je vais frapper mon 4 une fois et rater 5 fois (comme nous l'avons vu plus tôt, je suis à 5 :1). Donc je vais recevoir 30$ une fois, et payer 10$ cinq fois pour une perte nette de 20$ (30-50=-20). On dira alors que l'espérance mathématique de ce pari est de -3,33$ (-20/6) ; je perds 20$ en moyenne sur 6 lancés donc 3,33$ par lancé. Autrement dit, à chaque fois que je ferai ce pari avec vous, je vais perdre théoriquement un peu plus de 3 dollars, que je remporte le prochain lancé de dé ou non. C'est donc un bon pari pour vous, et un pari perdant pour moi.

C'est un concept très important. Il faut absolument saisir ce concept pour avoir du succès au poker. Il faut comprendre que même si c'est la chance à court terme qui va déterminer du résultat immédiat, prendre un tel pari me fait perdre, à long terme, de l'argent, peu importe le gagnant du lancer.

Et c'est exactement comme ça que les casinos font des profits. Comme dans l'exemple de la roulette dans l'introduction, chaque pari placé dans un jeu de casino a une espérance mathématique négative, puisque le casino ne vous paiera pas assez si vous frappez. Et donc même si vous avez un peu de chance à court terme, il reste, qu'à long terme encore une fois, vous perdez de l'argent chaque fois que vous placez une mise.

8.3 • Les cotes et les probabilités au poker

La grande majorité des décisions de poker devraient être basées sur l'espérance mathématique de chaque jeu. Même si la plupart du temps il est impossible de déterminer avec exactitude l'espérance d'une décision, on peut néanmoins souvent estimer si elle est positive ou négative. Cela devient plus facile avec l'expérience.

Les chances de remporter le pot par rapport à notre main, par rapport au nombre de joueurs dans la main et surtout l'impact de l'argent présent dans le pot sont des concepts basés sur les mathématiques qui doivent être considérés dans nos décisions stratégiques.

Et comme nous verrons plus tard, chacune de vos décisions doit avoir un fondement mathématique, même si vous vous basez beaucoup sur le comportement humain. Et dans certaines situations, ce sont les mathématiques seules qui dictent entièrement la décision.

Parmi ces aspects mathématiques du poker, on retrouve les cotes du pot et les cotes implicites, qui sont des concepts essentiels à maîtriser pour connaître du succès comme joueur de poker.

8.3.1 • Les cotes du pot

Au poker, l'argent à gagner, ce qu'il y a dans le pot, a une incidence majeure sur la stratégie. Essentiellement, plus le pot est gros (par rapport aux mises habituelles de la partie), plus il est intéressant d'essayer de le gagner, et donc moins vous avez besoin d'une bonne main pour tenter de le remporter, puisqu'il en vaut le coup.

Les cotes du pot sont le rapport qui existe entre ce qu'il y a à l'enjeu, et ce que vous devez ajouter pour continuer la main.

Pour déterminer les cotes du pot, il faut calculer le rapport entre le montant qu'il faut ajouter pour égaliser la mise par rapport au montant qui est déjà dans le pot.

Par exemple, si votre adversaire mise 10$ et qu'il y a déjà 55$ dans le pot, vous aurez alors une cote du pot de 65 :10. Le calcul est le suivant : il y a 65$ dans le pot (55$ plus la mise de 10$ de votre adversaire) et vous devez ajouter 10$ pour égaliser. La cote du pot est donc de 65 :10 ou 6,5 :1.

8.3.2 • Les « cotes du pot » appliquées

Lorsque vous avez une main qui a une valeur immédiate, comme par exemple un brelan, la meilleure stratégie est la plupart du temps de miser pour rentabiliser votre main pendant qu'elle est la gagnante.

En contrepartie, lorsque vous n'avez pas la meilleure main, vous avez ce que l'on appelle un tirage. Les tirages peuvent devenir les mains les plus profitables du poker. On définit précisément un tirage comme une main qui n'est pas la meilleure en ce moment mais qui pourrait « tirer » une carte qui la rendrait gagnante.

Par exemple, si vous avez quatre cartes de suite comme 5-6-7-8 et votre adversaire a une paire de valet, il vous bat en ce moment. Cependant, si la prochaine carte est un 4 ou un 9, vous aurez alors une suite, ce qui deviendra la meilleure main.

Évidemment, pour qu'il y ait un tirage, il faut qu'il reste des cartes à donner. Si toutes les cartes ont été distribuées, aucun tirage n'est plus possible, puisque aucune autre carte ne sera donnée.

Or donc, si votre main est un tirage, il faut évaluer les chances que vous avez de compléter votre main par rapport à l'argent que vous remporterez si votre main est complétée.

Dans un premier temps, il faut calculer quel est le montant à égaliser par rapport au montant qui est déjà dans le pot. Reprenons l'exemple plus haut : votre adversaire mise 10$, et il y a 55$ dans le pot, vous aurez alors une cote du pot de 6,5 :1.

Il faut ensuite calculer les chances d'améliorer notre main. Supposons que vous avez un 5-6-7-8. Il y a dans le paquet quatre « 4 » et quatre « 9 » qui peuvent compléter votre tirage à la suite. Il y a donc huit cartes sur 48 (52 cartes dans un paquet moins les quatre cartes de votre main) qui vous donneront la main gagnante. Les probabilités d'améliorer votre main sont donc de 8/48. En cote, cela fait 40 :8 soit 5 :1.

Lorsque la cote du pot (dans cet exemple 6,5:1) est supérieure à la cote de compléter votre main (5 :1), votre jeu a une espérance positive si vous égalez la mise, peu importe si le tirage est frappé ou non. Dans ce cas-ci, au contraire de notre exemple de la roulette, vous serez payé plus que les chances de gagner la main, ce qui en fait une bonne situation.

En prenant toujours le même exemple, mais cette fois en admettant que vous devez égaliser une mise de 10$ et qu'il n'y a que 50$ dans le pot, vous serez ni gagnant ni perdant au long terme. La cote du pot ici est égale (50 :10 ou 5:1) à vos chances d'améliorer votre main (5 :1). Rappelez-vous que vous avez 8 chances sur 48 d'améliorer votre main. Donc, vous remporterez 50$ 8 fois sur 48 (pour un montant total possible de gain de 400$), et perdrez 10$ (le montant pour égaliser la mise) 40 fois sur 48 (pour un montant total possible de perte de 400$).

De la même façon, s'il y avait moins de 50$ dans le pot, égaliser et tenter de frapper le tirage serait un jeu à espérance négative. Jouer cette main dans une telle condition serait donc une erreur. C'est d'ailleurs une erreur qui est bien souvent répétée par les joueurs perdants.

N'oubliez pas que le poker est un jeu qui doit se voir dans une perspective à long terme. Ce n'est pas important de compléter votre tirage cette fois-ci, tant que les cotes du pot étaient favorables. En misant sur les espérances positives de jeu, sur une longue période, vous gagnerez.

Lorsque vous avez la meilleure main, tout montant placé dans le pot par vos adversaires est un profit théorique pour vous. Donc miser et relancer sont habituellement les jeux à faire. Mais avec un tirage, il faut absolument se demander si tirer une autre carte est profitable ou non, et l'on détermine ça en calculant les cotes du pot et en comparant ces cotes à nos probabilités de compléter notre main.

8.3.3 • Cotes implicites

Souvent, il faut tenir compte d'un autre élément très important : la cote implicite.

La cote implicite représente l'argent supplémentaire que l'on estime pouvoir soutirer de nos adversaires en supposant que l'on complète notre main. Reprenons l'exemple précédant pour illustrer ce concept.

Supposons qu'il y ait 35$ dans le pot avant la mise de notre adversaire. Avec sa mise de 10$, nous nous retrouvons avec une cote du pot de 4,5 : 1, ce qui est donc insuffisant pour tirer profitablement. Tel que vu précédemment, le bon jeu serait de coucher notre main puisque nous perdons de l'argent en tirant.

Cependant, supposons que l'on estime que si nous frappons notre suite, notre adversaire va très certainement suivre une mise de 10$, la situation a maintenant une espérance positive. Le pot contient toujours 45$, mais puisque l'on peut s'attendre qu'il y ajoute un autre 10$ sur la prochaine carte même si on frappe, on peut supposer qu'il y a plutôt 55$ dans le pot, ce qui nous donne une cote du pot de 5,5 : 1 et ce qui rend par conséquent notre tirage profitable. Voilà qui rend alors la situation positive et donc, la main jouable pour un profit.

La cote implicite est très importante dans les parties de type limite du pot et sans-limite. En fait, la stratégie optimale de ces parties repose sur ce principe. C'est pour cette raison que vous pouvez voir certains joueurs de calibre mondial jouer des mains loufoques dans les tournois disputés à la télévision. Ils estiment qu'ils peuvent rattraper le déficit que leur main a par rapport aux autres en gagnant assez d'argent de leurs adversaires s'ils frappent un bon flop. Mais pour jouer de cette façon et y faire un profit, il faut beaucoup d'expérience, et beaucoup de talent, et donc ce n'est pas une stratégie que je vous conseille à vos débuts.

8.4 • La théorie du jeu

Le poker est un jeu extraordinaire puisqu'il regroupe plusieurs sphères d'habiletés qui le rendent aussi complexe que fascinant. La plupart de ces habiletés peuvent être regroupées en deux groupes.

Le premier, comporte les notions de mathématiques, de probabilités, de statistiques, de calculs de cotes etc. Nous venons d'en voir les plus importants concepts. Même si certaines personnes sont plus douées que d'autres, la portion mathématique du poker n'est pas très difficile à acquérir. Elle ne demande que quelques notions de base pour parvenir à comprendre la plupart des calculs nécessaires durant une partie de poker. En outre, plusieurs de ces principes mathématiques peuvent être appris par cœur, sans avoir à en comprendre le calcul.

Par exemple, vous pouvez apprendre par cœur qu'un tirage à la couleur au flop se complètera environ une fois sur cinq au tournant, sans comprendre exactement comment on arrive à ce résultat. Savoir comment on effectue ces calculs est certainement un atout, mais ce n'est pas absolument nécessaire. Cela ne vous empêchera certainement pas d'être un gagnant au poker. Par contre, si vous ne comprenez pas les notions mathématiques ou si vous n'apprenez pas par cœur certains de ces résultats statistiques, il sera très difficile de jouer un poker gagnant. Le facteur statistique est donc déterminant.

Le second aspect du poker est le jeu de personne. Chacun de vos adversaires est différent. Aucun n'a la même personnalité, la même humeur, la même façon de penser et surtout aucun n'a les mêmes habiletés et la même compréhension du jeu. Ce qui différencie les experts des autres c'est cette capacité à cerner quel est le niveau de jeu des autres joueurs. Ceux qui peuvent déterminer avec plus de précision comment jouent leurs adversaires, et comment ils pensent, auront plus de succès.

Par exemple, si je pense qu'un joueur ne peut qu'avoir AA, KK ou QQ et que vous pensez plutôt qu'il peut avoir AA, KK, QQ, JJ, TT, 99, 88, 77, 66, 55, 44, 33, 22, je prendrai une décision beaucoup plus éclairée et surtout beaucoup plus précise que vous. Cela aura un bon impact sur mes profits si j'ai raison.

La compréhension du jeu de personne vient avec l'expérience, l'habileté et le talent de chaque joueur. C'est cette partie qui distingue les experts des autres. Tout le monde peut apprendre ou comprendre les facteurs mathématiques du poker, mais c'est une autre chose de bien maîtriser le poker de personne.

Par contre, même si certaines décisions sont purement basées sur des principes de comportement humain et de psychologie, elles peuvent être analysées d'une façon totalement mathématique, et c'est ce que l'on appelle la théorie du jeu.

La théorie du jeu n'a pas été inventée au poker. Elle est utilisée dans plusieurs domaines, autant pour établir des tactiques militaires ou politiques, que pour élaborer des stratégies dans des jeux de société, de cartes ou autres. C'est une théorie intéressante qui, lorsqu'elle est bien comprise et maîtrisée, compte pour beaucoup dans les succès obtenus par un joueur. Voici un exemple pratique pour illustrer comment la théorie du jeu peut être appliquée.

Nous allons utiliser le jeu « Roche-Papier-Ciseau ». Pour ceux qui ne connaissent pas ce jeu, deux joueurs s'affrontent et doivent mimer une roche, du papier ou des ciseaux, et dévoiler leur choix en même temps. Le gagnant de la main est déterminé par le choix de chaque joueur. Roche bat Ciseaux mais est battu par le Papier. Le Papier bat la Roche mais perd contre les Ciseaux, et finalement les Ciseaux battent le Papier mais sont battus par la Roche. Si les joueurs choisissent le même choix, la partie est nulle, et ils doivent recommencer.

Vous aurez remarqué que ce jeu a une somme de zéro, c'est-à-dire que chaque choix en bat un autre, et perd contre le troisième. Donc il n'y a pas de choix qui est théoriquement meilleur qu'un autre. Peu importe ce que vous choisissez, vous aurez une chance sur deux de gagner, et donc une chance sur deux de perdre (en laissant de côté les nulles).

Donc, si on faisait jouer deux robots ensemble, et qu'ils faisaient un choix aléatoirement, on pourrait s'attendre à ne pas avoir de vainqueur à condition que la partie dure assez longtemps pour diluer la chance à court terme. Et si vous deviez parier sur l'un des robots, on pourrait s'attendre à ce que vous ne gagniez ni perdiez au long terme.

Mais si nous jouions ensemble, pourrait-on s'attendre au même résultat?

La logique dicte que oui, mais l'être humain n'est pas un robot, et n'est pas parfaitement aléatoire, et si vous suivez les tendances de la population générale, il y a beaucoup plus de chances que vous choisissez la Roche à votre premier lancer, parce que c'est-ce que font la plupart des gens. C'est une statistique bien documentée par plusieurs experts de ce jeu. Et puisque je connais cette statistique, cela me donne un avantage considérable sur vous. En choisissant Papier, je peux m'attendre de remporter cette première main beaucoup plus souvent que vous. Et si nous parions sur le résultat de cette main, je peux m'attendre à faire un profit théorique.

Donc, si je disputais plusieurs de ces parties, je pourrais avoir un avantage sur mes adversaires, simplement parce que plusieurs d'entre eux choisiront la Roche.

C'est ça la théorie du jeu. C'est en fait, une estimation des chances qu'un événement survienne. Vous pensez qu'il y a plus de chance qu'une éventualité se produise, et donc, vous ajustez votre stratégie selon cette prédiction. Dans notre exemple, sans avoir de l'information sur les tendances d'un joueur, je peux jouer avec un avantage en battant le choix qui est le plus probable. Ça ne veut pas dire que je vais gagner à chaque fois, mais plutôt que je mets les chances de mon bord et qu'au long terme, je peux gagner plus souvent qu'un joueur qui n'a pas cette information.

8.4.1 • La théorie du jeu au poker

Pour illustrer le concept de la théorie du jeu appliquée au poker, reprenons l'exemple d'un joueur qui relance et vous pensez qu'il peut avoir n'importe quelle paire. En laissant de côté le concept des cotes du pot pour un moment, si vous avez une paire de 8 contre ce joueur, vous avez autant de chances de gagner ou de perdre, puisqu'il y a six paires qui vous battent (AA, KK, QQ, JJ, TT et 99), et six paires que vous battez (77, 66, 55, 44, 33 et 22), et donc ça ne change rien que vous jouiez la main ou non. Par contre si vous aviez une paire de 9, alors vous devriez jouer la main parce que vous gagnerez plus souvent que vous ne perdrez.

Il faut comprendre que lorsque vous faites des estimations du genre, la main de votre adversaire n'a pas d'importance. S'il peut vraiment avoir n'importe quelle paire dans sa main et vous avez 99, vous faîtes un jeu profitable, même si cette fois-ci il retourne JJ. C'est un jeu qui est profitable au long terme contre la gamme de mains qu'il peut avoir.

De la même façon au « Roche-Papier-Ciseaux », si je choisis « Papier », je peux m'attendre à gagner plus souvent, même si mon adversaire choisit « Ciseaux » la prochaine fois.

Le poker est un jeu où l'information est incomplète. Bien que vous puissiez parfois avoir un ou même plusieurs indices (par déduction logique, par ses tendances personnelles, une manie, son humeur, etc…), qui vous portent à croire que votre adversaire est faible ou fort, il y a toujours un élément d'incertitude. Cette incertitude fait en sorte que vous devriez placer vos adversaires la plupart du temps sur une gamme de mains possibles et non sur une seule main. La théorie du jeu est alors pratiquement toujours applicable dans vos décisions. Et ce sont ces estimations qui séparent les experts des débutants, puisque les experts sont capables d'estimer avec plus de précision la gamme de mains possibles de leurs adversaires, et donc prendre une meilleure décision à chaque fois.

Autrement dit, votre habileté et votre expérience doivent vous aider à déterminer, le plus précisément possible, la gamme de mains éventuelles de votre adversaire. Ensuite, c'est un simple calcul de comparer la chance de gagner de votre main par rapport à cette gamme.

La théorie du jeu est dans toutes les facettes du poker et l'intégrer à votre processus décisionnel est une étape indispensable dans votre passage de joueur débutant à celui d'expert.

9

Le poker de personne

Le poker est un jeu où s'affrontent différentes personnalités. Nous pensons tous différemment et aucun de nous n'a les mêmes attributs physiques et intellectuels. Cela a une influence directe sur notre jeu autour d'une table de poker.

Vous connaissez certainement quelqu'un qui aime parler fort, rire fort, et qui prend de la place - du genre « homme macho » ou « grande gueule ». On peut s'attendre à ce que cette personne ait un style naturellement plus « agressif » lorsqu'il joue au poker. Il va probablement miser, relancer et bluffer plus souvent que le joueur moyen.

À l'inverse, une personne timide et intellectuelle – du genre « nerd » - devrait jouer normalement d'une façon plus conservatrice, passive et beaucoup plus calculée.

Cela ne veut pas dire qu'ils ne peuvent pas modifier leur jeu et jouer d'une façon plus optimale. Ça signifie seulement qu'en fonction de ces facettes de leur personnalité ils seraient plus enclins à jouer de cette façon instinctivement.

9.1 • Les quatre classes de joueurs

Un joueur de poker peut être catégorisé selon deux facteurs :
le nombre de mains qu'il joue, et l'agressivité avec laquelle il
joue ces mains. Et, de chacun de ces éléments découle deux
tendances.

9.1.1 • Lâche ou serré

Le nombre de mains jouées par un joueur a une influence
directe sur ses succès. Pour la plupart des parties, il faut jouer
d'une façon très sélective nos mains de départ. En fait, dans
une partie typique à 10 joueurs, jouer plus de 15-20% de ses
mains est bien souvent trop. Nous verrons plus loin et plus
précisément quelles mains devraient être jouées.

Vous conviendrez, même si vous n'avez pas joué souvent au
poker, que la plupart des joueurs jouent bien plus de mains que
cela. Il n'est pas rare de voir quelqu'un, surtout aux basses
limites, jouer plus de 50% de ses mains. Peu importe le talent
de ce joueur, jouer autant de mains rend presque impossible
son succès à long terme. À vrai dire, à l'exception de certaines
parties inhabituelles, même les meilleurs au monde ne peuvent
gagner en jouant autant de mains.

On dit donc d'un joueur qui joue beaucoup trop de mains
qu'il est « lâche » et d'un joueur qui joue d'une façon plus
sélective qu'il est « serré ».

9.1.2 • Agressif ou passif

La seconde caractéristique d'un joueur est l'agressivité avec laquelle il joue ses mains normalement. Certains joueurs ne relancent presque jamais, et on dira de ces joueurs qu'ils sont « passifs ». D'autres relancent et misent plus souvent lorsqu'ils jouent une main, et on les qualifiera d' « agressifs ».

9.2 • Les styles gagnants au poker

Dans la plupart des parties, il faut viser à adopter le style « serré-agressif ». Cela implique qu'il faut être sélectif dans les mains que l'on joue, mais qu'il faut les jouer agressivement. Puisque nous aurons été sélectifs dans le choix des mains que nous jouons, on peut estimer qu'on aura, en moyenne, une main de qualité supérieure à celle de nos adversaires lorsque nous les jouerons. Il nous sera possible de mettre le plus d'argent possible dans le pot avec ces mains.

9.3 • Une note sur les parties sans limites.

Dans les parties sans-limites (et parfois dans celles à la limite du pot), qu'elles soient disputées en tournoi ou en partie à l'argent, certains joueurs préconisent un style beaucoup plus lâche que ce qui est généralement conseillé. Cette décision peut être très profitable pour un joueur qui est vraiment supérieur à ses adversaires. Dans une partie sans-limite, voyez-vous, un joueur peut aller chercher tout le tapis de son adversaire en une seule main. Un expert peut alors se permettre de jouer une multitude de mains plus faibles, puisqu'il devrait jouer beaucoup mieux que ses adversaires sur le flop et après, et qu'il devrait commettre beaucoup moins d'erreurs que les autres joueurs.

Toutefois, pour qu'une telle stratégie devienne profitable, il faut absolument que les tapis soient profonds (c'est-à-dire que les jetons des joueurs représentent au moins 50 fois la valeur du gros blind). Ce style de jeu ne fonctionne pas dans des parties limites ou dans des parties qui n'ont pas des tapis aussi profonds.

Et encore une fois, je le rappelle, il faut être vraiment meilleur que ses adversaires pour sortir gagnant en jouant une telle stratégie. En effet ce style place le joueur dans de nombreuses situations marginales, qui sont beaucoup plus complexes et beaucoup plus difficiles à jouer. Comme on dit parfois à la télé : « N'essayez pas cela à la maison, c'est pour les professionnels ! »

J'ai malgré tout tenu à aborder cette approche car plusieurs joueurs dans les tournois télévisés préconisent ce style, et vous pourriez être attiré par un tel jeu. Sachez que seuls les meilleurs peuvent gagner de cette façon.

9.4 • Les mathématiques et les styles de joueurs

Bien que plusieurs joueurs puissent jouer différemment et être gagnants, il faut cependant faire une distinction importante entre ces styles et certains principes de base du poker.

Par exemple, peu importe le style, il faut généralement relancer AA avant le flop au Hold'em. C'est la meilleure main possible et il faut en profiter pendant qu'elle est en avance. C'est un principe de base au poker.

De la même façon, continuer avec un tirage si les cotes nous indiquent qu'il est préférable se coucher devient une erreur, quel que soit le style du joueur.

Quand on dit qu'il y a de plusieurs styles gagnants au poker, on fait plutôt référence à certaines subtilités qui différencient chaque joueur comme le nombre exact de mains jouées, la façon dont on les joue, et l'impact de notre image personnelle sur les autres joueurs. Et règle générale, la grande majorité des joueurs qui gagnent adoptent un style « serré-agressif ».

Si votre style est de jouer toutes les mains, ou de ne jamais relancer, ou d'ignorer certains concepts mathématiques, vous ne serez tout simplement pas un joueur de poker gagnant.

10

Concepts de Poker Gagnants

La stratégie du poker

Une bonne stratégie de poker gagnant comporte plusieurs aspects. Il faut tout d'abord comprendre les notions mathématiques de base et ensuite ajuster sa stratégie à chacun de ses adversaires. Ça peut devenir assez complexe puisque chacun de vos adversaires est différent.

Le but fondamental au poker est de prendre les meilleures décisions possibles à chaque fois que vous devez en prendre une. Il est autant important de savoir quand il faut se coucher que quand il faut relancer. Chaque dollar qui va dans le pot lorsque vous êtes favori est un profit potentiel pour vous. De la même façon, chaque dollar que vous sauvez lorsque vous êtes battu est également un profit pour vous.

Avant de voir les concepts de base d'une bonne stratégie au poker, il est important de comprendre ce jeu d'une façon plus théorique. David Sklansky, l'un des auteurs les plus importants sur les stratégies de poker, a défini le théorème fondamental de poker qui se résume comme suit :

« Lorsqu'un joueur joue différemment de la façon dont il jouerait s'il connaissait vos cartes, vous gagnez. Lorsque vous jouez différemment de la façon dont vous joueriez si vous connaissiez les cartes de votre adversaire, vous perdez. »

73

Autrement dit, si vous saviez que votre adversaire a une main plus faible que la vôtre, le bon jeu serait de le relancer. Si vous ne faite qu'égaliser la mise, ou encore pire si vous vous couchez, il gagne. Et le contraire va de soi.

Donc l'un des concepts gagnants réside dans le fait qu'il faut tenter de forcer vos adversaires à faire des erreurs, que ce soit en couchant une meilleure main, ou en suivant une mise de votre part lorsqu'ils ont la pire main. C'est la base fondamentale du poker, et ce sur quoi la bonne stratégie est fondée.

Dans les prochaines sections je vais tenter de vous donner une excellente stratégie de base, et je vous présenterai même certains concepts avancés. Mon but est de vous amener à comprendre un processus décisionnel de qualité, qui vous permettra, avec le temps, de bien vous développer.

10.1 • Choisir ses batailles

Le poker est, en soi, un jeu de société. Une table et dix joueurs, qui discutent de tout et de rien, avec le souhait de faire un peu d'argent.

Bien des joueurs ne veulent pas se soucier de bien jouer, ils ne veulent qu'avoir du bon temps. Parfois ils perdent, parfois ils gagnent. Ça importe peu. Et plusieurs d'entre eux seront perdants au long terme. Cependant, comme leur but n'est pas de gagner leur vie en jouant au poker, mais plutôt de s'amuser en pratiquant un jeu qui leur plaît, qui peut quelques fois leur apporter de jolies sommes et des moments de pure joie, ils y trouvent leur compte.

Pour les vrais joueurs, c'est différent. Pour gagner dans le monde des paris, il faut faire le plus de profits quand les cotes vous avantagent, et perdre le moins quand les cotes sont contre vous. Il n'y a pas d'autres alternatives. Si vous gagez trop d'argent et trop souvent lorsque les cotes sont contre vous, vous perdrez. C'est inévitable.

Au poker, cela signifie que vous ne pouvez tout simplement pas jouer toutes les mains qui vous sont données. Si vous voulez toutes les jouer, vous ne serez jamais un joueur de poker gagnant. Et puisque vous avez pris la peine d'acheter ce livre, je présume que vous souhaitez vous améliorer.

Cela signifie aussi que lorsque vous jouerez une main, qui sera en moyenne favorite contre celles de vos adversaires, vous devrez la jouer agressivement, pour maximiser vos gains puisque vous avez l'avantage. C'est le style « serré-agressif » dont on a parlé plus tôt.

10.2 • Une bonne fondation

Ce que vous ferez avec vos cartes de départ est bien souvent la décision la plus importante que vous aurez à prendre au cours de la main, surtout à vos débuts. Si vous jouez trop de mains, vous vous retrouverez dans diverses situations très compliquées, qui auraient pu être évitées si vous aviez tout simplement jeté votre main dès la première tournée d'enchères. De plus, puisque vos adversaires, de leur coté, ne joueront pas toutes leurs mains et seront plus sélectifs, vous vous retrouverez contre des meilleures mains en moyenne, ce qui mènera inévitablement à des pertes considérables.

Pour avoir du succès au poker, il faut gagner le plus d'argent possible lorsque vous avez la meilleure main, et perdre le moins d'argent possible dans le cas contraire. Il est donc important de ne jouer que des combinaisons de cartes qui peuvent construire des bonnes mains. Règle générale, sur une table complète, vous ne devriez jouer que 15-20% des mains qui vous sont données. Cette stratégie assurera que vous avez des mains qui seront en moyenne meilleures que celles de vos adversaires.

Vos pouvez, bien entendu vous dire que les cartes suivantes pourront tout chambarder et faire en sorte qu'une main médiocre devienne favorable. Il faut néanmoins comprendre que si vous avez une bonne main au départ, ce sont vos adversaires qui jouent du poker de rattrapage, et que cette situation est habituellement à votre avantage.

10.3 • Votre position

Le poker est un jeu où il vous manque des données. On dit que c'est un jeu d'informations incomplètes. En conséquence, plus vous êtes capable d'accumuler d'indices sur les mains de vos adversaires, plus il vous sera possible de prendre une décision éclairée. Lorsque vous avez droit de parole après un adversaire, vous avez un avantage sur lui puisque vous savez ce que lui a fait. Cela devient un élément à considérer avant de prendre votre décision. S'il a misé ou relancé, cela vous indique ordinairement que sa main est d'une certaine qualité, alors que s'il a passé, cela signifie ordinairement que sa main n'est pas spectaculaire. Avoir cette information avant de jouer peut rendre vos décisions plus faciles à prendre et surtout plus profitables. Peut-être allez-vous coucher votre main devant la relance d'un adversaire, ou bien miser une main plus marginale devant un adversaire qui a passé.

Il est donc important d'ajuster votre stratégie selon votre position. Dans les variantes comme le Texas Hold'em et le Omaha, votre position restera la même durant toute la main. Comme il vous manque des informations car vous ignorez ce que feront vos adversaires, vous devriez jeter beaucoup plus de mains dans les premières positions (ceux qui parlent en premier). À l'inverse, il peut être avantageux de jouer un peu plus de mains dans les dernières positions puisque vous savez déjà si les joueurs qui déclarent avant vous ont relancé ou non.

10.4 • Soyez attentifs

Le poker demande une grande concentration. Plus vous avez de détails sur le jeu de vos adversaires, plus vous serez en mesure de prendre de bonnes décisions. Pour ce faire, vous vous devez d'être attentif à ce que font vos adversaires. Lequel joue peu de mains ? Lequel relance tout le temps ? Lequel ne relance qu'avec des bonnes mains ? Lequel relance ses bonnes mains au flop ? Lequel attend au tournant pour relancer ? Etc.

Connaître un aspect de la stratégie d'un joueur vaut parfois de l'or. Si vous savez par exemple qu'un certain joueur ne relance qu'avec des mains de très bonne qualité, peut-être allez-vous décider de coucher une main qui semble correcte simplement parce que cet adversaire risque d'avoir une meilleure main que vous. Il faut donc être attentif au jeu de vos adversaires et mémoriser leurs comportements.

Puisque vous devez restreindre de beaucoup le nombre de mains que vous jouez, profitez de tout ce temps libre pour étudier vos adversaires. Faites-en un jeu et tenter de deviner ce qu'ils ont, vous serez parfois surpris des résultats.

Et il est important de les catégoriser le plus rapidement possible (serré, lâche, passif, agressif). Plus vous êtes capable de cerner la stratégie globale de vos adversaires et plus vous pouvez le faire rapidement, plus vous pourrez ajuster votre stratégie pour contrer leur jeu d'une façon profitable.

10.5 • Ajustez-vous aux adversaires

Le poker est un jeu de personnes. Même si la base du poker est plutôt mathématique, il vous faut toujours considérer les autres joueurs lorsque vous jouez.

Par exemple, si vous avez à votre table un joueur qui joue très serré et un autre qui joue très lâche, vous devriez peut-être garder vos bluffs pour affronter celui qui joue serré. Il y a davantage de possibilités qu'il se couche et qu'il vous laisse le pot. Au contraire, vous devriez avoir plus de respect pour celui qui joue serré quand il relance.

La beauté du poker est que justement la bonne stratégie dépend souvent de vos adversaires. La façon dont vous les percevez doit absolument se refléter dans votre jeu.

10.6 • Laissez vos émotions à la maison

Le poker est un jeu avec beaucoup de haut et de bas. Un moment on est en avance et on va gagner un gros pot, et quelques secondes plus tard on se tient la tête en se demandant pourquoi le croupier pousse tous les jetons vers l'adversaire. On se rend compte que la carte fatidique est tombée à la rivière, et nous a coûté le pot.

C'est bien important de toujours garder son sang-froid. Si vous le perdez, vous ne pourrez pas penser correctement et vous prendrez de mauvaises décisions. C'est vrai qu'il peut être frustrant de voir la chance vous ignorer et toujours favoriser vos adversaires. Mais le poker est un jeu qui doit se penser à long terme et c'est important de comprendre que si vous jouez avec vos émotions, vous jouerez mal.

Quand vous vous sentez frustré, le meilleur conseil que je peux vous donner est de prendre une pause quelques minutes. Allez prendre de l'air, marchez un peu, et reprenez votre sang-froid.

Et il est important de ne pas tomber dans le piège et d'essayer de jouer au gladiateur de la table. Pour bien des personnes, surtout les hommes, le poker fait ressortir leur côté « macho » et dur à cuir. Le poker n'est pas un jeu pour flatter votre égo. Quoi de mieux que de réussir un gros bluff. Ah ! Ah ! On les a bien eus ! C'est toujours plaisant et on veut s'en vanter. Mais si vous voulez avoir du succès au poker, retenez l'envie de montrer vos cartes pour dévoiler votre bluff à tout le monde. Le poker est un jeu d'informations incomplètes, je le répète, et plus vous donnez de renseignements à vos adversaires, plus ils pourront s'en servir pour vous battre plus tard.

Le poker est assez complexe comme ça, sans que vous ayez en plus à vous battre contre vous-même.

10.7 • Jouez selon vos habiletés

Il y a un vieil adage au poker qui dit « Si vous ne trouvez pas le poisson à votre table, c'est que c'est vous ! ». Et un autre qui dit « Ça ne sert à rien d'être le 10e meilleur joueur au monde si vous jouez à la même table que les 9 meilleurs ». Ce qu'il faut comprendre, c'est qu'il faut parfois être humble et reconnaître que d'autres sont plus habiles et qu'ils vont donc vous battre si vous jouez longtemps avec eux.

Lorsque vous êtes dans une partie de poker, il faut que vous reconnaissiez des joueurs qui sont moins bons que vous, qui font des erreurs et sur qui vous avez un avantage. Si vous n'êtes pas en mesure de trouver de ces joueurs c'est que vous êtes probablement dans le trouble. Il est alors préférable de changer de partie, et d'en trouver une où vous pourrez gagner.

10.8 • Jouez selon vos moyens

Voilà probablement le plus grand défaut du joueur de poker typique : jouer sans tenir compte de ses finances. Il faut que vous ayez assez de fonds pour compenser les variations statistiques inévitables. Si vous n'avez que 100$, et que vous jouez dans des parties où les mises sont de 5 et 10 dollars, vous jouez avec le feu. Vous pourriez facilement tout perdre, que vous soyez le meilleur joueur au monde ou un simple amateur.

La chance à court terme est un facteur très important au poker, et il est absolument normal d'avoir une semaine perdante, et même parfois des mois perdants. Il faut donc se bâtir un fond de roulement dédié au poker. Un peu comme vos économies que vous avez placées à la bourse ou dans des fonds de placement. Si vous voulez avoir du succès, il vous faut garder un fonds uniquement pour le poker. Cela vous permettra non seulement de suivre vos progrès, à mesure que ce capital augmente en valeur, mais surtout, cela vous permettra de ne jamais utiliser l'argent dont vous avez besoin pour vivre afin de jouer au poker.

Assurez-vous donc de jouer selon vos moyens, avec de l'argent que vous pouvez perdre. Vous ne serez pas un joueur gagnant du jour au lendemain, alors prenez votre temps avant de monter les échelons.

En général, ça prend quelques milliers de dollars pour jouer confortablement à du hold'em limite 5-10. Ce fond de roulement nécessaire va varier selon la partie jouée, la variante, et votre style de jeu en général. Mais dites-vous que pour être certain statistiquement de ne jamais perdre votre portefeuille, il faut beaucoup de sous.

Bien entendu, certains joueurs amateurs peuvent se permettre de perdre leur cagnotte puisqu'ils peuvent la renflouer avec les revenus de leur emploi. En tant que professionnel, nous n'avons pas le même luxe. Si on perd notre fonds de roulement, on ne peut plus travailler ! Alors, si vous êtes sérieux dans votre développement, il vous faut mettre votre argent de poker de côté, et protéger votre fond le plus possible.

10.9 • Notez vos résultats

La mémoire est une faculté qui oublie ! Particulièrement celle des joueurs de poker qui, en plus, est sélective. On se souvient plus des mains où on a été malchanceux, que de celles où la chance nous a sourit. Par ailleurs, si je demandais à 100 joueurs s'ils sont gagnants, je suis certain que plus de la moitié d'entre eux diraient qu'ils font des profits, alors que c'est plutôt 10% des joueurs qui gagnent au poker.

Vous comprenez qu'il est important de bien noter vos résultats à chaque session de poker que vous jouez. La prise de ces notes vous permettra de suivre votre développement, et de bien analyser votre progression. Vous pourrez ainsi non seulement bâtir votre confiance, mais cela vous aidera à déterminer quand et si vous devriez changer de niveau de partie et augmenter les montants de vos mises.

Pour moi, la décision de devenir professionnel n'a pas été prise au hasard. Je savais que je pouvais m'attendre à gagner un salaire horaire qui me convenait puisque j'avais joué assez d'heures pour que mes résultats statistiques soient fiables. Le fait d'avoir toujours noté mes résultats m'a permis de prendre une décision éclairée et d'avoir confiance en mes moyens et mes habiletés. Sans ces notes, je n'aurais jamais été en mesure de devenir professionnel.

De plus, il est toujours important de savoir combien vous gagnez en moyenne dans une partie. Si vous jouez au 2-4 et encaissez 1,14$ de l'heure, bien que vous soyez un joueur gagnant, vos gains ne justifient probablement pas de monter de limite. Par contre si vous accumulez 9,45$ de l'heure, alors passer au 3-6 serait probablement une bonne idée. (Notez cependant qu'il faut beaucoup d'heures de jeu -1000 et plus-pour avoir des résultats statistiquement fiables)

10.10 • Le meilleur jeu est souvent le plus évident

Lorsque l'on commence au poker, on a l'impression que l'on doit varier constamment notre jeu pour piéger nos adversaires. La vérité est que si vous débutez à des petites limites, vous jouerez contre des joueurs qui commencent comme vous, ou qui ne sont pas assez bons pour monter plus haut. Contre de tels joueurs, il n'est pas nécessaire de tenter le gros piège, puisqu'ils ne sont probablement pas assez bons pour se rendre compte que vous jouez différemment de l'habitude. N'oubliez pas que le but au poker n'est pas de mélanger vos adversaires, mais bien de faire le plus de profit.

Le meilleur jeu est donc bien souvent le jeu le plus évident, comme relancer avec une bonne main. C'est le jeu le plus profitable même si vous dévoilez en quelque sorte la force de votre main. En vérité, même si vos adversaires suspectent que vous avez une bonne main, ils vont la plupart du temps suivrent vos mises de toute façon, ce qui augmente vos profits.

Lorsque vous monterez dans les échelons, et que vous rencontrerez des joueurs qui sont plus observateurs, vous devrez varier votre jeu pour les déstabiliser. Mais contre des joueurs débutants, le meilleur jeu est souvent le plus simple et c'est la plupart du temps celui qui rapporte le plus de profits.

Par contre, la bonne façon de varier son jeu n'est habituellement pas celle préconisée par les débutants. Par exemple, un
joueur débutant qui a AA dans sa main et qui veut piéger ses
adversaires va décider de seulement égaliser la mise préflop,
au lieu de relancer. Cette façon de jouer n'est pas la bonne. Il
est préférable de relancer ses as, parce que les chances de
gagner sont excellentes et qu'il faut viser à augmenter le pot
pour faire un gros profit avec cette main. Et si vous tenez à
mêler vos adversaires, relancez de temps en temps des mains
plus faibles, comme 8c8s ou JhTh, puisque au moins, vous
prendrez le contrôle du pot, et vous garderez un style plus
agressif. Donc la bonne façon de balancer son jeu est plutôt de
relancer certaines bonnes mains qui ne sont pas excellentes, au
lieu de jouer plus passivement vos meilleures mains, ce qui
coupe beaucoup trop dans vos profits. Nous verrons aussi plus
loin d'autres façons de balancer votre jeu.

10.11 • C'est excellent s'ils suivent!

L'un des commentaires les plus communs parmi les joueurs débutants est celui qu'ils n'aiment pas jouer contre des joueurs débutants parce qu'ils suivent toujours et ne se couchent jamais. C'est même l'une des raisons pour laquelle plusieurs joueurs apprécient mieux le poker sans-limite au lieu du limite, parce qu'ils peuvent miser plus et donc faire coucher leurs adversaires plus facilement.

Ce n'est pas la bonne façon de penser. Tel que mentionné auparavant, lorsque vos adversaires font des erreurs, c'est une bonne chose pour vous. Ce qui se passe par après dépend totalement du facteur chance, et cet aspect du poker est incontrôlable. Donc si vos adversaires suivent tout le temps, c'est un signe qu'ils font beaucoup d'erreurs, et ça veut dire que vous êtes dans une excellente partie.

Je jouerais personnellement contre de tels joueurs à chaque session si je pouvais. Ce sont les pires joueurs, et ceux contre lesquels vous ferez le plus de profits. Donc ne vous plaignez pas de leur façon de jouer, mais apprenez au contraire à accepter que la chance leur sourit de temps en temps, pendant que votre compte en banque, lui, se remplit régulièrement et plus longtemps.

10.12 • Être favori ne veut pas nécessairement dire que vous gagnerez plus de 50% du temps

Lorsque vous avez la meilleure main, tout argent placé dans le pot est un profit potentiel pour vous. Vous gagnerez le plus souvent, et donc une plus grande portion de cet argent vous reviendra. Par exemple, si vous êtes favori à 80% contre un adversaire, pour chaque dollar qu'il place dans le pot, vous faîtes 0,80$ de profit. Et de son côté, il perd 0,80$ par dollar investi.

Ce qu'il faut cependant comprendre, c'est qu'avoir la meilleure main ne veut pas nécessairement dire que vous gagnerez le pot au moins 50% du temps. Plus le nombre de joueurs augmentent, plus votre pourcentage de victoire diminue, peu importe votre main. Par exemple, une paire d'as est favorite à environ 80% contre une plus petite paire. Par contre, contre cinq adversaires qui détiennent AKs (as et roi de la même sorte), 77, 44, KQs et 98s, vos chances de remporter le pot tombent à environ 36%. Donc, vous n'êtes plus favori majoritaire pour gagner la main en général, mais vous êtes toujours LE favori. Les autres mains gagnent beaucoup moins souvent que vous. En fait, le plus proche est le joueur avec 77, qui gagne environ 16% du temps, moins de la moitié des probabilités de votre jeu. Et il faut comprendre que même si vous gagnez moins souvent que contre un seul adversaire, vous gagnerez un plus gros pot, ce qui vous met dans une situation pour faire de gros profits.

10.13 • Un pot familial demande une meilleure main

Tel que nous avons vu dans l'exemple de la paire d'as contre cinq adversaires, vous devez comprendre que plus il y a de joueurs dans la main, plus cela prendra une main forte au dévoilement. Cela ne veut pas dire qu'une main générale-ment assez forte, comme la paire supérieure au flop dans une partie de Hold'em, ne gagnera jamais, au contraire. Cela signifie plutôt que lorsque vous avez une main plus mar-ginale, qui pourrait gagner contre un seul adversaire, vous vous devez de faire attention lorsque plusieurs joueurs sont intéressés par le tableau.

Plus il y a de joueurs, plus il y a de chances qu'un d'entre eux ait une main de qualité, et plus il y aura de tirages, ce qui compliquera votre vie plus tard dans la main. Vous devez donc comprendre qu'une main qui pourrait être jouée profitable-ment contre 1-2 joueurs, devrait parfois être jetée devant 4-5 adversaires.

Par exemple, si vous avez Kd2d dans le gros blind et êtes contre un seul joueur. Vous floppez la paire supérieur sur un flop de K 9 8. Contre un seul joueur, c'est une main de qualité, malgré le fait que votre acolyte, le « 2 », est faible. Les chances sont que l'autre joueur ait une pire main que la vôtre. Par con-tre, contre quatre autres joueurs, il faut souvent coucher cette main au flop, surtout s'il y a beaucoup d'action, parce que les chances d'être battu sont plus grandes, comme par un joueur ayant une main comme KJ.

CONCEPTS GAGANTS

10.14 • L'argent que vous avez investi dans le pot n'est plus à vous

Un autre point important qu'il faut absolument comprendre est que l'argent que vous avez placé dans le pot n'est plus à vous. On entend souvent des joueurs dire « J'avais tellement mis dans le pot, il fallait que je suive ». Ce n'est pas la bonne façon de voir les choses.

Le pot n'est à personne et tout montant que vous y avez placé ne vous appartient plus. Il faut, bien entendu, considérer ce pot dans vos décisions, comme en calculant les cotes du pot, mais vous devez oublier ce que vous y avez personnellement placé.

Le pot appartient à celui qui gagnera la main. Et n'oubliez pas que de reconnaître que notre main est battue permet de sauver de l'argent.

10.15 • Plus le pot est gros, plus on gagne à tenter de le gagner

C'est un peu un dérivé du concept des cotes du pot qui dit que plus les cotes sont grandes, donc d'une certaine façon plus le pot est gros, plus ça vaut la peine de jouer. C'est vrai.

Mais il faut aussi comprendre que ce concept est vrai aussi pour vos adversaires. Donc, lorsque vous avez une bonne main, et vous vous demandez s'il est bon de varier votre jeu et d'attendre avant de relancer, demandez-vous toujours quelle est la grosseur du pot. Plus le pot est gros, plus il vaut la peine de relancer tout de suite. Cette tactique permet de limiter le nombre de joueurs qui poursuivront dans la main, ce qui augmente vos chances de gagner.

Par exemple, sur un flop de 9 5 3, vous avez KK. Un joueur mise et vous vous demandez s'il serait bon de relancer immédiatement ou d'attendre au tournant. Si le pot est moindrement gros, il est presque toujours mieux d'être agressif tout de suite. Cela empêchera peut-être un joueur avec une main comme 77 de tenter de frapper son 7 au tournant. Le pot est gros, il faut le protéger.

10.16 • Dans les variantes sans-limite, misez toujours 75% du pot

À vos débuts, je vous conseille de miser ou relancer 75% du pot la plupart du temps. C'est un conseil qui devrait vous permettre de faciliter votre prise de décision tout en maximisant vos profits et réduisant vos pertes.

L'une des différences entre le poker limite et le sans-limite réside justement dans le fait que l'on peut choisir le montant de ses mises. Cela vous permet de couper les cotes de vos adversaires et de leur faire faire des erreurs plus coûteuses lorsqu'ils ont des tirages.

Si vous ne misez que 50% du pot, votre adversaire aura immédiatement une cote du pot de 3 :1, ce qui pourrait, en intégrant les cotes implicites, être suffisant pour tirer profitablement. En misant 75% toutefois, vous lui donnez un peu plus de 2 :1, ce qui donne une espérance négative à plusieurs tirages. Et donc vos adversaires commettront plus d'erreurs lorsque vous miserez 75%.

Par exemple, si vous voulez relancer avant le flop au Hold'em, vous devriez relancer de 3-4 fois le montant du gros blind. Plusieurs joueurs relancent que du double du BB, et cela a pour résultat de donner de trop bonnes cotes à leurs adversaires, surtout le joueur dans le gros blind. En relançant un gros blind de 100 à 300-400, vous coupez leurs cotes, et réduisez donc leurs profits.

Peut-être vous demandez-vous pourquoi ne pas miser 150% du pot. Il y a plusieurs raison, la première étant que si vous êtes battus, vous perdrez deux fois plus, ce qui influencera considérablement vos résultats. La seconde est que le poker est un jeu d'erreurs. Si vos adversaires font une erreur en suivant une mise de 75%, ils en font évidemment une aussi en suivant une mise de 150%. Par contre, comme ils se coucheront beaucoup plus souvent, ce qui est tout à fait correct lorsque vous miserez beaucoup plus que le pot (comme 150% de celui-ci) ils ne font alors pas l'erreur qu'ils auraient commise avec une mise de 75%. Et tel que mentionné précédemment, c'est une bonne chose pour vous s'ils suivent lorsqu'ils n'ont pas les cotes pour le faire.

10.17 • Essayez d'entrer dans la tête de vos adversaires

Tel que nous l'avons vu, le poker est un jeu de personnes, et le joueur qui aura le plus de succès est celui qui réussira le mieux à s'ajuster à ses adversaires. Si vous êtes capable de déceler avec précision ce que votre adversaire pense, vous pourrez jouer de façon à le déjouer. Il faut donc toujours essayer d'entrer dans la tête d'un adversaire et se demander à quoi il pense.

Quel est son niveau de réflexion ? Est-ce qu'il ne joue que ses cartes ? Est-ce qu'il se demande ce que vous avez ? Est-ce qu'il pense à ce que vous pensez qu'il a ?

Revenons à notre partie de « Roche – Papier – Ciseaux ». Supposons maintenant que vous connaissez la statistique voulant que la plupart des gens choisissent la Roche à leur premier tour. Vous aller donc choisir Papier. Mais supposons maintenant que je sais que vous connaissez cette statistique. Sachant que vous risquez de choisir Papier, je vais contrecarrer votre stratégie en choisissant Ciseaux. Et si vous saviez que je sais ça de vous, vous pourriez revenir à Roche et me battre. Si vous savez ce que je pense, et à quel niveau je pense, alors c'est facile pour vous de me battre.

C'est le même principe au poker. Lors de l'une de vos parties de Hold'em sans-limite, les choses vont bien et vous remportez quelques pots. À chaque fois que vous avez gagné la main, vous avez montré au dévoilement une main de départ de grande qualité (comme AA, AK, KK et TT). Vos adversaires ont donc pu constater que vous jouiez d'excellentes mains, et que vous ne semblez pas jouer d'autre chose.

Vous jouez alors une main contre un adversaire qui est très agressif, mais qui est capable de se coucher s'il se sent battu. Il fait une relance avant le flop, et c'est à vous avec :

Vous décidez que votre main risque fortement d'être la meilleure et placez une relance qui remporte la main tout de suite. Vous gagnez donc un autre pot. Rien de sensationnel.

Mais on peut par contre se poser la question suivante : « Aviez-vous vraiment besoin d'une paire de dames pour gagner ce pot ? »

Tout ce que vous avez fait est sur-relancer un adversaire qui pourrait avoir une main faible, et qui la couchera s'il pense qu'il est battu. Si vous savez qu'il ne suivra pas avec la plupart de ses mains, parce qu'il pense que vous jouez que des mains de grande force, n'auriez-vous pas pu faire ce jeu avec :

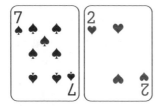

Le poker est situationnel. Si vous êtes capable de bien déceler ce que vos adversaires pensent, vous n'avez pas besoin de bonnes cartes pour gagner.

C'est un exemple un peu extrême et n'allez pas relancer vos 72o à chaque fois que vous pensez qu'un adversaire peut se coucher. Mais parfois, si vous sentez que votre adversaire est faible, et qu'il pensera que vous êtes fort si vous le relancez, pourquoi ne pas tenter le coup ?

10.18 • Pensez hors de la table

Ce qui différencie les joueurs moyens des experts, c'est que les experts se questionnent toujours sur la meilleure stratégie. Ils cherchent à comprendre et définir la tactique idéale et continuent d'y réfléchir souvent bien après avoir joué une main. Inspirez vous de cette attitude. Après avoir complété une main, demandez-vous si c'était le meilleur jeu possible. Aurait-il été préférable de miser, de relancer ou de se coucher ? Pourquoi ?

Après une session, je revois toujours mentalement quelques mains qui m'ont posé problèmes. Je me demande s'il était possible de jouer autrement. Quelle aurait alors été la meilleure stratégie ? L'objectif est de savoir comment il faut réagir quand une situation qui y ressemble se reproduira. Savez-vous que les experts sont habituellement capables de reconstituer une main clé ou problématique bien des heures après qu'elle a été jouée. Je me souviens de mains que j'ai jouées il y a cinq ans. Je me rappelle de détails comme les montants qui ont été misés, les cartes du tableau et même du joueur, un adversaire que je n'ai pourtant rencontré qu'une fois.

C'est ce que j'appelle réfléchir hors de la table. Être capable de mémoriser des mains pour les analyser à tête reposée, voilà probablement ce qu'il y a de plus important dans le développement d'un bon joueur.

10.19 • Lisez et relisez

Je suis de ceux qui croient fermement que le développement d'un bon joueur passe par les livres. À mon avis, ceux qui négligent ces lectures, vont soit développer de mauvaises habitudes, soit de prendre un temps fou avant de vraiment comprendre certains concepts qui permettent de s'améliorer rapidement.

Bien entendu, la seule lecture de ces livres ne suffit pas. Il vous faut les digérer et assimiler ce qu'on y apprend. Il faut pratiquer et pratiquer encore. J'ai aussi pris l'habitude de les relire quelques mois plus tard. Je veux m'assurer que j'ai tout compris, ce qui est pratiquement impossible après une première lecture. Il arrive aussi que l'expérience additionnelle que j'ai prise entre le moment où j'ai lu le livre pour la première fois et la seconde lecture fait en sorte que je découvre de nouvelles approches qui m'avaient échappées. J'ai probablement une cinquantaine de livres sur le poker dans ma librairie, et je les ai tous lus 4-5 fois chacun. Et il m'arrive encore d'y apprendre des choses. Chaque fois que je refais une lecture, je saisis quelques détails qui m'avaient échappés la fois précédente.

10.20 • Discutez de stratégie avec d'autres joueurs

Élaborer des stratégies avec d'autres joueurs, surtout avec des joueurs de bon calibre, est également l'une des clés du succès. On ne voit pas toutes les choses de la même façon. C'est normal. Un joueur va penser à certains détails qu'un autre a oublié de considérer.

En discutant avec d'autres de mains que vous avez jouées, cela vous donne un regard différent sur ces mains. Ça vous permet de bien décortiquer les enchères et les décisions de chacun. Il existe certainement plusieurs styles gagnants au poker, et c'est en discutant avec des joueurs de styles différents que l'on développe son propre style et qu'on arrive à mieux cerner chaque situation.

Vous pouvez par exemple aller sur www.princepoker.com, le portail du poker au Québec. Vous pourrez alors discuter de stratégie avec plusieurs milliers d'amateurs de poker, et même certains joueurs professionnels.

11

Stratégies de base de Texas Hold'em

Le Texas Hold'em est excessivement complexe, et la stratégie optimale demanderait un livre au complet. Ce que je tenterai de faire ici vise à vous donner une stratégie de base simple, qui devrait vous permettre d'éviter plusieurs pièges.

Puisque vous débutez au poker, rendez-vous la vie plus facile. Tentez de minimiser les situations marginales, afin de maximiser vos profits aux basses limites. Jouer profitablement des mains marginales demande beaucoup d'expérience. De plus, le jeu à adopter sur le flop et sur les dernières rondes de mises est très complexe. Il nécessite beaucoup d'études et de nombreuses heures de jeu. Il faut donc se concentrer sur votre choix de mains de départ, en étant assez conservateur, ce qui devrait vous permettre d'éviter les situations difficiles dans les dernières tournées d'enchères.

Pour la plupart des joueurs, cette approche semblera beaucoup trop serrée. Il faut comprendre que pour être capable de jouer agressivement sur le flop et par après, il faut avoir une main qui est forte. Évidemment, deux cartes, n'importe lesquelles, peuvent se retrouver fortes avec celles du flop. Il n'en reste pas moins que plus vos cartes de départ sont fortes, plus elles pourront être jouées agressivement si le flop est clément.

Par exemple, si vous détenez une paire d'as préflop, vous êtes certains d'avoir au moins une paire d'as sur le flop.

96

Une main comme 76 ne peut pas dire la même chose. Plus votre main est forte avant le flop, plus elle a de chances de gagner. De plus, une main comme AK préflop, formera une très bonne main si un as ou un roi tombe au flop puisqu'il formera la meilleure paire possible. Un 76 formera la plupart du temps, et au mieux, qu'une seconde ou troisième paire, c'est-à-dire une main qui ne peut être jouée agressivement parce qu'elle peut facilement être battue.

La stratégie que je vous propose ne permettra pas de gagner des parties où il y a des joueurs expérimentés. Elle est un peu trop prévisible. Mais elle vous permettra de gagner devant des joueurs débutants et médiocres qui ne remarqueront pas les failles dans votre stratégie.

Les tactiques que je vous propose s'appliquent autant aux parties sans limite que limite. Bien que ces structures soient bien différentes, j'ai préféré présenter une stratégie simple qui vous donnera le plus de chances de gagner à vos débuts. Par contre, je vous conseillerais grandement de jouer au poker limite à vos débuts. Le limite permet de faire plus d'erreurs que le sans-limite, et rendra vos décisions plus faciles. Je sais que bien beaucoup de nouveaux joueurs veulent jouer comme le poker à la télé, mais sachez que c'est une forme de poker plus complexe, et que plusieurs joueurs s'y perdent à leurs débuts.

Finalement, une note sur la nomenclature. Au Hold'em, si l'on parle en général d'un roi et d'une reine de la même sorte – assortis – on écrira KQs (le « s » pour assortis et non pour « pique »). Donc, un KQs peut être un KhQh, KdQd, KcQc ou KsQs. Et si l'on parle d'un roi et d'une reine non assortis, on écrira KQo. Donc, une main comme :

sera désignée comme KdQd (roi de carreau et dame de carreau) ou plus généralement KQs (un roi et une dame qui sont de la même sorte). Et une main comme :

sera identifiée KhQc (roi de cœur et dame de trèfle) ou un KQo (un roi et une dame qui ne sont pas de la même sorte).

11.1 • Concepts gagnants au Texas Hold'em

11.1.1 • Jouez selon votre position avant le flop

La position est toujours importante au poker, mais elle l'est encore plus au Texas Hold'em parce que les positions restent fixes durant la totalité de la main.

Puisque vous n'avez pas d'information sur la qualité des mains des joueurs qui parlent après vous, vous vous devez de jouer très serré dans les positions défavorisées, c'est-à-dire quand vous parlez parmi les premiers. De la même façon, vous pouvez jouer plus de mains des dernières positions s'il n'y a pas eu de relance, puisque la plupart des joueurs auront parlé avant vous et que vous aurez une bonne position durant la main.

Cette bonne position vous permettra peut-être de voler le pot plus tard, de pouvoir tirer gratuitement ou bien vous de coucher devant l'action, vous économisant de l'argent.

11.1.2 • Le type de mains

Au Hold'em, et aussi dans d'autres variantes du poker, certaines mains sont plus fortes dans certaines conditions et plus faibles dans d'autres.

Par exemple, une main de départ comme QQ, quoique très forte, se joue mieux si le nombre de convives est restreint. Ce n'est pas qu'elle devient perdante contre plusieurs joueurs, mais plutôt que le fait de jouer contre un nombre restreint d'adversaires minimise la volatilité de cette main, et permet donc des profits plus constants. Il est donc important de relancer la mise avec une telle main afin de faire coucher les autres joueurs et de minimiser les adversaires au flop. Notez que le pot sera le même si 8 adversaires jouent au flop, que si seulement 4 jouent dans un pot relancé (au limite). Par contre, QQ gagnera plus souvent contre 4 joueurs, ce qui minimise la volatilité des résultats. Notez aussi, que le fait de relancer peut provoquer une erreur théorique de vos adversaires, s'ils savaient ce que vous aviez.

De la même façon, les mains assorties comme 98s, qui risquent de flopper un tirage, gagnent beaucoup si plusieurs joueurs sont impliqués dans la main, car cela assure que le pot soit assez gros pour rendre le tirage profitable. Une main comme KJo, qui gagnera plutôt en frappant la meilleure paire, préfère un pot plus restreint.

Donc si vous hésitez à jouer une main, demandez-vous de quelle sorte de main il s'agit et si vous avez de bonnes conditions pour la rendre profitable.

11.1.3 • Le jeu préflop
en premières positions

Les premières positions sont définies par les trois premiers sièges à la gauche du gros blind sur une table complète de 10 ~~joueurs. À~~ ~~ces~~ positions, tel que mentionné précédemment, il ~~faut jouer avec~~ prudence, puisque vous ne savez pas comment les joueurs derrière vous vont agir. Vous devriez jouer des mains qui peuvent bien se défendre contre une relance éventuelle derrière vous. Je vous suggère donc de vous glisser dans le pot (égaliser le gros blind) avec, dans votre main, AQ, AJs, KQs et une paire de 8 ou de 9. Vous devriez relancer les plus grosses paires (de TT à AA), ainsi que AK. Jetez le reste des mains. Si un joueur à votre droite relance, il vous faut resserrer vos standards, et je vous suggère alors de suivre avec AQs, AK et TT, et de sur relancer avec JJ-AA. Jetez le reste (y compris 99, 88, AQo, AJs et KQs).

11.1.4 • Le jeu préflop en positions intermédiaires

Les positions intermédiaires sont définies comme les positions 4, 5 et 6 à la gauche du gros blind. Puisque vous savez maintenant ce que les joueurs en premières positions ont fait, vous avez donc plus d'informations sur le déroulement éventuel de la main, et sur la force probable de leur main. Évidemment, s'ils se sont tous couchés, vous savez que leur main était faible. Par contre, s'ils ont suivi, ils vous signalent que leur main est d'une certaine valeur. Si c'est un joueur de bon calibre qui a suivi en première position, vous pouvez probablement conclure que sa main est d'une très bonne qualité. Je vous conseille donc de vous glisser dans le pot avec les mêmes mains qu'en premières positions, en ajoutant ATs, AJo, KQo, 77 et 66. Relancez avec toutes les mains jouables en premières positions.

Si un joueur devant vous a relancé, il vous a signalé qu'il a probablement une bonne main, surtout s'il s'agit d'un bon joueur. Dans ce cas, vous devez resserrer davantage vos standards pour minimiser les situations difficiles postflop. Suivez alors mes recommandations de jeu en premières positions.

11.1.5 • Le jeu préflop en dernières positions

Les dernières positions sont définies comme le bouton et le joueur à la droite du bouton. De ces positions, vous avez beaucoup plus d'informations sur le jeu potentiel de la plupart de vos adversaires. En effet, seuls les joueurs dans les blinds n'ont pas encore parlé. Vous savez maintenant ce que les sept autres joueurs devant vous ont fait, ce qui vous permettra d'élargir votre gamme de mains si vous êtes dans une bonne situation.

Des ces positions, vous pouvez ajouter 55, 44, 33, 22, KJs, KTs, QJs et JTs ainsi que des mains non assorties comme ATo, KJo, QJo et JTo. Et tel que mentionné précédemment, il est important de toujours évaluer si vous êtes dans une situation qui favorise une main assortie ou une non-assortie.

Par exemple, si six joueurs se glissent dans le pot devant vous, vous serez dans une situation où avoir une main assortie devient un grand atout, et dans laquelle une main non-assortie devient très problématique. Dans ce cas, il pourrait être mieux de coucher une main comme QJo, et de jouer plutôt un T9s.

Relancez et suivez une relance avec les mêmes mains recommandées en position intermédiaire.

11.1.6 • Le jeu des blinds

Lorsque vous vous retrouvez dans les blinds, vous aurez la pire position de toute la main, à l'exception des enchères avant le flop. Vous devez donc jouer très serré puisque vous êtes désavantagé durant la main. Par contre, cette faiblesse est en partie compensée par le fait que cela vous coûte moins cher pour aller voir le flop, car vous avez déjà placé votre blind. Mais sachez qu'au long terme, vous perdrez de l'argent des blinds. C'est inévitable compte tenu que vous placez de l'argent dans le pot sans savoir quelle est la qualité de votre main.

Encore une fois, il est important d'oublier l'argent placé dans le pot et de seulement tenir compte du fait que le pot nous offre de meilleures cotes. Sans relance, du petit blind, vous pouvez ajouter des mains contenant un as et une autre carte assortie, ainsi que quelques connecteurs assortis comme T9s et 98s.

Pour ce qui est de relancer, puisque vous devrez parler en premier durant la main, il est souvent mieux de ne relancer que des mains très fortes, comme AA, KK, et QQ.

11.1.7 • Le Flop

Malgré tous les efforts que vous pouvez faire en ne jouant que des mains de qualité, le flop doit absolument se marier à votre main de départ. Le flop est le système nerveux central d'une main de Hold'em. En ajoutant trois cartes à votre main, vous connaissez instantanément 71% de votre main finale. Les cartes du flop sont déterminantes pour savoir comment continuer dans la main.

Vous devriez, la plupart du temps, avoir soit la paire supérieure (comme une paire de dames sur un flop de Q 7 4) ou mieux, ou un excellent tirage pour continuer la main. Si vous avez la seconde paire ou moins, vous devriez habituellement vous coucher. Le Texas Hold'em est un jeu de grosses cartes, qui vont flopper la meilleure paire et qui gagneront alors la main la plupart du temps. Jouer des mains plus faibles ne fera qu'augmenter vos pertes la plupart du temps.

Faites aussi attention avec des mains comme Ax qui floppe la paire supérieure sans avoir un acolyte de qualité, comme A3 sur un flop de AT8. Si beaucoup de joueurs semblent intéressés par ce flop, vous êtes probablement battu par un meilleur acolyte, comme un AQ, et se coucher est vraisemblablement le meilleur jeu.

Soyez vigilents par rapport au nombre de joueurs impliqués dans la main et rappelez-vous que plus il y a de joueurs actifs, plus vous devriez avoir une main forte pour continuer. Souvent il est mieux de jouer de façon un peu trop conservatrice devant plusieurs adversaires, surtout à vos débuts.

Si vous avez floppé un tirage, assurez-vous d'avoir les cotes du pot nécessaires pour justifier de jouer la main profitablement.

La texture du flop devrait également influencer votre jeu. Certains flops contiennent plus de tirages que d'autres, et sont donc plus dangereux puisque la main favorite a plus de chance de se faire battre.

Par exemple, un flop de

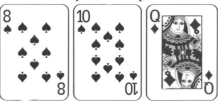

comporte beaucoup de possibilités de tirage (tirage à la couleur, à la suite, en plus de combinaisons possibles de paires comme JT). Si vous avez une main comme AQ sur ce flop, vous devriez jouer très agressivement pour couper les cotes des tirages, et rentabiliser votre main pendant qu'elle est favorite. Lorsque votre main est favorite, chaque dollar qui va dans le pot est un profit supplémentaire pour vous.

Aussi, les cartes de 9 à l'as sont celles qui sont le plus souvent jouées au Hold'em et donc ce flop risque d'avoir frappé plusieurs joueurs. Cela signifie non seulement que vous devriez miser pour les faire payer de continuer avec un tirage, mais également que vos adversaires risquent de vous payer, ce qui augmente vos profits.

Sur un flop de :

le nombre de tirages est presqu'inexistant. Vous pourriez donc décider de varier votre jeu et d'attendre au tournant pour jouer agressivement. Par contre, de façon générale, et surtout contre plusieurs adversaires, la meilleure tactique est toujours de jouer agressivement au flop. Cela vous permettra de bien balancer votre jeu lorsque vous deviendrez meilleur, et cela vous donnera une bonne fondation pour du bon poker solide. Mais si vous tenez à varier votre jeu, alors faites attention à la texture du flop.

Il vous faut aussi être attentif pour déterminer avec quelles mains vos adversaires misent et relancent, pour que vous sachiez quoi faire avec votre main compte tenu de cette information. Certains sont plus libéraux dans leur relance au flop tandis que d'autres ne relancent qu'avec des mains de qualités. C'est ici que votre sens de l'observation devient important.

En terminant, j'ajouterais que c'est sur le flop et après que l'on sépare les experts des novices. Un joueur débutant qui commet trop d'erreurs au flop va se retrouver perdant assez rapidement, même s'il joue plus serré qu'un autre avant le flop. C'est pourquoi on peut voir certains experts au Hold'em sans limite jouer des mains médiocres préflop, parce qu'ils peuvent les rendre profitables contre les joueurs qu'ils affrontent compte tenu qu'ils sont meilleurs sur le flop. Et c'est pour cette raison que je ne vous ai pas conseillé trop de mains de départ afin de vous faciliter la vie au flop, et de vous éviter d'être pris dans des situations difficiles où vous feriez trop d'erreurs à vos débuts.

11.1.8 • Le tournant

Au tournant, les mises augmenteront par rapport à celles du flop. Au limite, elles seront du double, et au sans limite, elles seront habituellement plus élevées qu'au flop. C'est alors que plusieurs tirages ne deviennent plus profitables et qu'il est important de bien suivre l'action et de déterminer les cotes du pot et évaluer si vous devriez coucher votre main ou non. C'est ici que la plupart des joueurs commettent le plus d'erreurs en ne se couchant pas assez souvent, ce qui finit par coûter très cher.

Si vous avez une bonne main, vous devriez la miser pour justement faire payer les tirages et leur faire faire des erreurs. C'est au tournant que ça devient payant pour la meilleure main.

Si un adversaire relance à cette étape, cela signifie habituellement une main beaucoup plus forte que s'il avait relancé au flop. Bien des joueurs aiment attendre le tournant avant de vraiment montrer leurs couleurs, parce qu'ils peuvent miser plus. Donc, devant une telle relance, vous devriez jouer plus serré et faire encore plus attention. C'est à ce moment aussi que votre sens de l'observation devient important. Ce que vous avez noté dans le jeu d'un adversaire depuis le début de la partie devrait vous aider à déterminer la force probable de sa main.

Si vous êtes un novice au poker, il vaut mieux résister à la tentation de développer votre jeu au tournant. Le fait de retarder votre agressivité au tournant, parce que vous pouvez miser plus, peut être une bonne manoeuvre de temps en temps, mais ça ne devrait pas être votre stratégie par défaut. Vous serez trop prévisible si vous le faites, et cela nuira autant à votre développement qu'à vos profits.

11.1.9 • La rivière

Sur la rivière, les choses deviennent un peu plus faciles. Les tirages ont frappé ou non, et un joueur qui n'a pas de jeu ne suivra pas une mise. Il faut donc maintenant décider, selon votre main, si vous misez, si vous suivez une mise placée par un adversaire ou si vous vous retirez.

Lorsque vous avez une main de qualité, vous devriez miser la rivière la plupart du temps si la dernière carte n'est pas dangereuse – si elle ne complète pas de tirages potentiels. C'est ici bien souvent que les joueurs moyens jouent trop passivement. Puisqu'il n'y a plus de suspense, bien des joueurs se contentent de passer, pour aller au dévoilement, alors qu'ils pourraient aller extirper une mise supplémentaire à un adversaire. Par exemple, si vous avez AQ et avez misé le flop et tournant avec la paire supérieure, alors vous devriez probablement miser encore, pour qu'un joueur avec la même paire et un pire acolyte vous suive et paie.

Par contre, vous devez vous demander si votre mise sera appelée par une main pire que la vôtre. Dans notre exemple, il est raisonnable de penser que sur un tableau non-dangereux, un joueur avec une paire de dame et un plus petit acolyte suivra votre mise. Par contre, sur un tableau de Qh Jc Th 9h 5h, il serait un peu plus marginal de miser. Un joueur ayant une main pire que la vôtre ne suivra pas très souvent sur ce tableau qui peut facilement vous donner une suite ou une couleur. Il est alors mieux de passer, et d'ensuite décider quoi faire si votre adversaire mise.

Si vous avez une main plus marginale, et vous vous demandez si vous devriez suivre une mise ou non, alors il y a une façon complètement mathématique de calculer votre décision. Si, par exemple, il y a 100$ dans le pot, et que votre adversaire mise 10$, le pot vous offre alors 11 :1 (100+10 contre 10). Nous avons vu que 11 :1, c'est la même chose que 8,3% (1/12). Si vous croyez que votre main gagnera plus de 8,3% du temps alors vous devriez suivre la mise. Dans le cas contraire, vous devriez vous coucher.

Donc vous pouvez toujours calculer mentalement les cotes qui vous sont offertes afin de déterminer si vous devriez suivre ou non. Il faut cependant garder en tête que se coucher lorsque vous avez la meilleure main est habituellement une erreur monumentale comparée au fait de perdre une simple mise, surtout au limite. Dans notre exemple, si vous suivez et perdez la main, vous aurez perdu 10$, ce qui n'est pas si grave. Par contre, si vous couchez la meilleure main, vous aurez perdu 110$, ce qui est beaucoup plus désastreux. Donc, lorsque vous avez un doute et lorsque le pot vous offre de bonnes cotes, il est souvent mieux de suivre une mise à la rivière.

Finalement, il faut aussi faire attention lorsque vous vous retrouvez dans un pot avec plusieurs joueurs. Si l'un d'eux a déjà fait un appel d'une mise, cela vous prend habituellement une main un peu plus forte que si vous étiez le seul joueur contre celui qui a misé. Le joueur qui a appelé a définitivement quelque chose, d'autant plus que celui qui a misé peut aussi avoir une bonne main et donc si vous détenez une main marginale, il est probablement souhaitable de la coucher.

Le jeu sur la rivière au limite est presque automatique. Si vous avez une bonne main, vous devriez miser et si un autre joueur mise, vous devriez suivre la plupart du temps, parce que les cotes offertes seront souvent trop bonnes. Au sans limite c'est différent, parce que la mise à la rivière peut être grosse, réduisant de beaucoup vos cotes. Mais les concepts donnés plus haut s'appliquent de la même façon.

11.1.10 • Balancer le tout

Une bonne stratégie de Texas Hold'em, et de poker en général, doit être balancée afin de ne pas devenir trop prévisible.

Il est important de comprendre que la grande majorité des joueurs jouent trop de mains de départ. Même si mes conseils sont un peu trop serrés, cela ne veut pas dire que jouer des mains comme A9o, K9o, K6s ou Q7s deviendra un bon plan lorsque vous aurez acquis de l'expérience. En vérité, vous ne devriez pas jouer plus de 15-20% de vos mains de départ sur une table complète. Donc, même si mes conseils semblent un peu trop conservateurs, ils ne sont pas si loin d'une stratégie optimale.

Demandez-vous toujours à quoi votre jeu ressemble. Et essayer de mimer ce jeu le plus souvent possible avec plusieurs types de mains, afin de mêler vos adversaires. Nous verrons dans la section des concepts avancés, certaines techniques pour varier votre jeu, qui balanceront un peu mieux votre stratégie.

12

Stratégie de base au Stud à sept cartes

Le Stud à sept cartes, depuis son apparition il y a plus de cent ans, est devenu l'une des variantes les plus difficiles à maîtriser. Le Stud à sept cartes a un total de cinq tournées d'enchères ce qui fait qu'un bon joueur peut profiter d'une enchère de plus par main jouée jusqu'au dévoilement si on le compare avec le Hold'em ou le Omaha. Par contre, puisque les mains sont toutes indépendantes et qu'aucune carte commune n'est en jeu, il devient plus facile pour une main légèrement inférieure de rattraper la main la plus forte.

Avec une combinaison de cartes, face vers le bas, et de cartes, face vers le haut, le Stud est une variante très excitante et très complexe. Il est reconnu que cette version du poker est celle qui demande le plus d'habileté et d'expérience pour ceux qui veulent atteindre le statut d'expert. Non seulement faut-il maîtriser tous les concepts importants du poker, mais encore faut-il également avoir en mémoire les cartes encore disponibles dans le paquet et celles qui ont été couchées autant pour nous que pour nos adversaires. Surtout, il faut adapter notre stratégie en considérant ces cartes déjà tournées.

Le Stud est un jeu de cartes vivantes et de surcartes. Si vous voulez exceller au Stud il faut bien apprendre ces deux principes qui sont à la base du jeu. Voici en quoi consiste la stratégie du Stud joué pour le haut.

12. 1 • Concepts gagnants au Stud à 7 cartes Haut

12.1.1 • Le Stud et les pisses

Le Stud est un jeu qui utilise les pisses pour démarrer l'action. Par contre, au contraire du Hold'em et du Omaha qui utilisent sensiblement la même structure peu importe la grosseur des mises, au Stud, le rapport entre les pisses et les mises varie. Je m'explique.

Si vous jouez au Hold'em limite 10-20, les blinds seront de 5 et 10. Si vous jouez dans une partie de Hold'em 100-200, les blinds seront exactement 10 fois plus élevés, c'est-à-dire 50 et 100.

Au Stud, la situation est différente. Ainsi, au Stud 10-20, la pisse est habituellement de 1$, ce qui représente 10% de la petite mise (10$). Or, dans un Stud 100-200, il n'est pas rare de voir une pisse de 20$, ce qui est 20% de la petite mise (100$). C'est une pisse qui est donc proportionnellement deux fois plus grosse qu'au 10-20.

On appelle cette différence le « Petit Stud » et le « Gros Stud ». Lorsque la pisse est autour de 10% de la petite mise, on appelle cela du petit Stud et c'est cette forme que l'on retrouve habituellement dans les parties de basses limites. Lorsque le rapport entre la pisse et la petite mise est plutôt autour de 20%, on appellera ça du Gros Stud, et vous retrouverez cette forme de Stud dans les parties de hautes limites.

Cette différence influence beaucoup la stratégie d'un bon joueur. Plus les pisses sont grosses, plus le pot est gros, et donc plus il faut jouer de mains. On ne peut tout simplement pas attendre une grosse main de départ parce que ça coûte trop cher à chaque main. Par contre, dans une partie de petit Stud, il est possible de jouer plus serré, puisque la pisse n'est pas aussi importante par rapport aux mises.

La stratégie dont je vais vous faire part s'applique surtout au petit Stud, puisque vous débuterez probablement dans des parties de basses limites. Elle devrait vous permettre de battre ces limites, mais sachez que si vous vous retrouvez dans une partie dont la structure ressemble plus à une partie de gros Stud, cette stratégie sera probablement trop serrée.

12.1.2 • Les cartes vivantes

Un des éléments qui distingue les joueurs de Stud ordinaires des experts, c'est leur habileté à s'ajuster aux cartes qui sont vivantes par opposition à celles qui sont mortes.

Une carte est considérée « morte » lorsqu'elle est dans votre main ou dans celles de vos adversaires. Par exemple, si tous les valets figurent dans les mains de vos adversaires, ils sont morts et vous devriez en tenir compte en jouant votre main. Ainsi, si vous avez une main avec 8 9 T, il sera plus difficile de faire une suite puisqu'il n'y a plus de valet disponible. Si au contraire les valets ne sont ni dans les cartes de vos adversaires ni dans la vôtre, alors ils sont dits « vivants », et vous augmentez vos chances de compléter votre suite parce qu'il en reste plus dans le paquet.

113

Voici un autre exemple. Lorsque vous avez trois cartes de la même sorte à la 3ᵉ avenue, comme **T ♦ 5 ♦ 3 ♦**, et qu'il y a 3 autres carreaux dans les cartes de vos adversaires, les chances de faire une couleur sont beaucoup plus faibles et vous devriez probablement coucher votre main. Si au contraire aucun de vos adversaires ne montraient de carreaux, votre tirage aurait plus de chances de réussir et la main serait probablement jouable.

12.1.3 • Les surcartes

Le Stud à sept cartes est également un jeu de surcartes. On appelle surcartes celles qui ont les plus hautes dénominations, donc une valeur plus grande que les autres.

Si vous avez 6 6 8 et que votre adversaire a J Q K, vous avez la meilleure main en ce moment avec votre paire de 6. Par contre, votre adversaire a beaucoup de façons de vous battre. Il peut évidemment compléter une suite, mais surtout, il peut tirer une carte identique aux siennes et faire une paire plus grosse que la vôtre.

Prenons un autre exemple. Imaginons que deux joueurs ont deux paires différentes, l'une plus forte que l'autre. Souvent, ce qui fera qu'une main plus faible sera jouable profitablement viendra de la valeur de la carte qui accompagne la paire inférieure. En effet, si vous avez 558 et votre adversaire TT3, votre main n'est probablement pas jouable. Par contre, si vous aviez un as au lieu du 8, votre main devient potentiellement profitable, en particulier si les pisses sont considérables. Le fait d'avoir une carte plus haute que T vous donne une bien meilleure main, parce que si vous frappez un autre as, vous aurez un meilleur « deux paires ». Voilà ce que sont les surcartes.

12.1.4 • 3ᵉ Avenue – Les grosses paires

Les grosses paires (AA, KK, QQ, JJ et TT) sont généralement d'assez bonnes mains. Il est alors important de les jouer
de façon agressive et relancer la mise. N'oubliez pas que les
grosses paires aiment toujours mieux les pots avec peu de
joueurs, et donc il est primordial de couper les cotes implicites
des mains à tirage.

Aussi, ces paires prennent de la valeur lorsqu'elles sont
accompagnées de cartes utiles comme un connecteur assorti.
Si vous avez une main comme **J ♠ J ♦ T ♦**, votre main est
bien meilleure que **J ♠ J ♦ 3 ♣**. La présence du dix assorti
ajoute non seulement une possibilité de tirer une seconde paire
de qualité, mais elle vous donne la chance de compléter une
suite ou une couleur.

12.1.5 • 3ᵉ Avenue – Les petites et moyennes paires

Les petites et moyennes paires sont beaucoup plus faibles
que les grosses. Cela va de soit. Elles sont cependant jouables
dans les bonnes conditions. Par exemple, si vous avez un connecteur assorti, votre main prend de la valeur, surtout dans un
pot ayant plusieurs joueurs, tel que mentionné précédemment.
Et encore plus si votre carte acolyte est un as ou un roi.

Par exemple, si vous suspectez votre adversaire d'avoir une
paire de valet, et que vous avez **7 ♦ 7 ♣ A ♣**, vous pouvez
probablement jouer la main d'une façon profitable puisque si
vous faites une seconde paire en frappant un as, vous aurez

potentiellement un meilleur « deux paires » que votre adversaire. Si vous aviez eu un T comme acolyte, votre adversaire pourrait faire un meilleur « deux paires » même si vous frappez un T. Sans un acolyte plus élevé que la paire potentielle de votre adversaire (dans ce cas-ci de valet), ce serait plus difficile d'espérer jouer cette main avec profit.

Il est également important de comprendre que si un joueur relance à la 3e avenue, il est plus que probable qu'il ait une paire égale à sa carte de porte (la carte face vers le haut). Par exemple, si un joueur relance avec (XX)Q, il a probablement une autre dame dans le trou.

Donc lorsque vous faites face à une telle relance, et que vous avez une plus petite paire que la paire probable de votre adversaire, et que votre acolyte n'est pas d'une bonne qualité, il est souvent mieux de se coucher.

12.1.6 • 3ᵉ Avenue - Trois cartes à tirage

Lorsque vous avez trois cartes qui se suivent ou trois cartes de la même sorte, vous avez une main de départ qui a le potentiel de compléter une main très forte.

Sachez aussi que la valeur des cartes est assez importante, puisqu'une main qui présente des cartes plus élevées peut aussi former de plus fortes paires.

Je vous conseille, à vos débuts, de jeter les mains à tirage de suite composées de cartes basses comme 456. Cela vous évitera de vous placer dans des situations difficiles dans lesquelles vous pourriez faire des erreurs coûteuses.

Par contre avec trois cartes assorties, vous pouvez jouer la main si vos cartes de couleur sont vivantes. En général, si plus de trois cartes de votre couleur sont mortes, vous devriez vous coucher, à moins d'avoir en plus un tirage à la suite ou de grosses cartes. Par exemple, si trois cartes de cœur sont mortes et vous avez **9 ♥ 5 ♥ 2 ♥**, il est habituellement mieux de vous coucher. Mais si vous aviez **9 ♥   8 ♥   6 ♥**, ou **K ♥, J ♥ 8 ♥**, votre main serait probablement jouable.

De plus, souvenez-vous que les mains à tirage aiment bien les pots avec beaucoup de joueurs, pour assurer un gros pot si la main frappe le tirage. Donc si vous avez un tel tirage et que plusieurs joueurs sont impliqués dans la main, il serait alors trop serré de vous coucher, même si vous avez des petites cartes.

12.1.7 • 3ᵉ Avenue – Devant une relance

Lorsqu'un joueur relance sur la 3ᵉ avenue, il y a des chances pour qu'il ait une paire du même rang que sa carte de porte (la carte qui est face vers le haut). Il faut alors faire très attention si la paire formée avec votre main est une paire inférieure, en particulier si votre acolyte est de piètre qualité. Il est également important de toujours considérer les cartes vivantes et les tendances de vos adversaires. Certains ne relancent qu'avec des grosses paires, tandis que d'autres vont relancer toutes leurs paires, et des mains comme un tirage à la couleur.

12.1.8 • La 4e avenue

À la quatrième avenue, il est souvent stratégique de continuer jusqu'à la 5e avenue, si votre main s'est sensiblement améliorée. Dans le cas contraire, il faut alors considérer quelles cartes sont tombées, et si votre main est toujours vivante. Par exemple, si vous aviez trois cartes assorties au départ, que vous n'avez pas amélioré votre main et qu'en plus deux autres cartes de votre sorte sont maintenant mortes, il est probablement mieux de vous coucher. Mais si vous avez des cartes de valeurs élevées, une paire, ou des chances de suites, il peut être bon de tirer de nouveau.

Voici un exemple d'une situation où il faut faire très attention. Imaginons qu'un adversaire complète une paire avec sa carte de porte. Les chances sont maintenant plus élevées qu'il ait un brelan. Il est certain que les tendances de jeu d'un adversaire doivent influencer votre jeu, mais contre un joueur typique, qui risque fortement d'être parti avec une paire, il faut jouer plus prudemment. Dans le doute il vaut mieux coucher une meilleure main, parce que vous aurez vraiment des problèmes s'il a vraiment ce brelan. Et de toute façon, même s'il n'a pas le brelan encore, il a peut-être deux paires ou il peut facilement vous battre à la rivière. Dans une situation aussi marginale, vous ne pourrez jamais pousser agressivement votre main, ce qui n'est jamais bon.

12.1.9 • La 5ᵉ avenue

Sur la 5ᵉ avenue, les mises doublent, ce qui affecte beaucoup la stratégie. C'est un peu l'équivalent du tournant au Hold'em. C'est à la 5ᵉ avenue que vous devrez décider si vous aller jusqu'au dévoilement ou non, parce qu'il est généralement contre-indiqué de se coucher à la 6ᵉ avenue.

Il faut considérer que si vous suivez sur cette tournée d'enchères, vous devrez possiblement suivre au moins une autre mise à la 6ᵉ avenue et peut-être plus.

Si vous avez un tirage qui ne s'est pas tellement amélioré, ou une main marginale qui aura de la difficulté à battre celles de vos adversaires, il faut limiter vos pertes et vous coucher. Continuer ici peut rendre la main très coûteuse puisqu'il reste deux autres tournées d'enchères.

Si vous avez une main à tirage qui a du potentiel, comme quatre cartes de suites ou de couleur, vous irez à la rivière la plupart du temps. Mais n'oubliez pas de considérer les cartes mortes qui viennent de tomber et de calculer les cotes qui vous sont offertes.

12.1.10 • Les 6e et 7e avenue (La rivière)

J'ai décidé de grouper la 6e et 7e avenue parce que, tel que mentionné précédemment, il est rarement correct de se coucher à la 6e avenue. Les cotes sont habituellement trop grandes pour ne pas tirer une carte de plus.

Sur la 7e avenue, c'est un peu comme au Hold'em, si votre main a le moindrement de chances d'être la meilleure, il faut probablement suivre une mise. Se coucher lorsqu'on avait la meilleure main est une trop grosse erreur.

Avec une bonne main, comme un brelan ou mieux, vous devriez miser la plupart du temps. Avec deux paires, il faut considérer la valeur de vos paires avant de miser. Par exemple, si vous avez AA77, une mise est probablement correcte. Par contre avec 8855, il est mieux de passer et suivre une mise éventuelle d'un adversaire que de miser soi-même. Évidemment vous devez considérer la main probable de votre adversaire avant de décider de miser ou d'égaliser.

13

Stratégie de base au Omaha

Le Omaha, parfois appelé le Omaha Hold'em, est un dérivé du Texas Hold'em. Le Omaha est joué avec des blinds et se joue généralement en deux variantes : le Omaha Haut et le Omaha Haut-Bas Split (8 ou mieux). Le Omaha Haut se joue, en règle générale, à la limite du pot tandis que le Omaha Haut-Bas Split (8 ou mieux) est habituellement disputé avec des limites fixes. Ce type de poker peut devenir très complexe, surtout le Omaha Haut, limite du pot.

13.1 • Omaha Haut

13.1.1 • Le nombre de cartes en jeu

Une caractéristique importante du Omaha est que chaque joueur reçoit quatre cartes privées. Il faut bien comprendre que le Omaha n'est pas une combinaison de deux mains de Hold'em mais bien de six mains de Hold'em. Prenons l'exemple de la main suivante : A ♥ K ♥ 7 ♦ 6 ♦. Un joueur de Hold'em va considérer cette main comme étant forte puisqu'elle a deux combinaisons de bonnes mains de Hold'em soit A ♥ K ♥ et 7 ♦ 6 ♦. Ce faisant, il oublie les combinaisons douteuses suivantes : A ♥ 7 ♦, A ♥ 6 ♦, K ♥ 7 ♦ et K ♥ 6 ♦. Ces dernières n'ont pas une grande valeur, ce qui fait que cette main a relativement peu de valeur au Omaha.

Il faut retenir qu'une bonne main d'Omaha est une main composée de quatre, cinq ou six bonnes combinaisons de deux cartes, puisqu'il faut utiliser deux cartes de sa main au dévoilement. La main suivante : **T ♥ T ♠ 9 ♥ 8 ♠** est beaucoup plus forte que la précédente (surtout au Omaha haut). En effet, chacune des cartes a une utilité et complète deux autres cartes, ce qui fait de cette main une main de bien meilleure qualité que **A ♥ K ♥ 7 ♦ 6 ♦**.

Au Omaha, il faut aussi considérer que chaque joueur reçoit quatre cartes qu'il combine avec les cinq qui sont communes au centre de la table (il puise dans un bassin de 9 cartes pour former ses combinaisons). En conséquence, les mains au dévoilement du Omaha sont généralement beaucoup plus fortes que les mains moyennes au Hold'em. Une couleur au dix, en générale, est une main perdante au long terme au Omaha. En effet, puisque les joueurs ont autant de cartes, dès qu'une main pleine est possible, quelqu'un l'a, et si aucun joueur ne l'a, l'un d'eux peut facilement avoir une couleur plus élevée. Dans le même sens, si vous avez une suite et qu'une couleur est possible, vous serez battu la plupart du temps.

Il est donc primordial de tenter de bâtir des mains qui feront les meilleures mains pleines, des couleurs et des suites. Il arrive effectivement très souvent que deux joueurs se retrouvent avec des couleurs au dévoilement. Il faut viser à avoir la plus forte parce que de se retrouver régulièrement avec la deuxième meilleure main peut coûter très cher.

122

13.1.2 • Les tirages peuvent être favoris

Au Omaha, contrairement aux autres variantes de poker, il peut arriver qu'un excellent tirage soit le favori. Par exemple, si vous détenez **K ♥ Q ♠ 9 ♠ 8 ♥** avec un flop de **J ♥ T ♥ 6 ♠** contre un joueur qui a un set de 6 avec **6 ♥ 6 ♣ 5 ♠ 4 ♦**. Il y a alors un total de 24 cartes (un cœur, un as, un roi, une dame, un neuf, un huit et un sept) qui peuvent vous donner la meilleure main. Cela vous met favori à 3 contre 2 (60%), même si en ce moment vous n'avez rien. Il faut donc parfois faire très attention lorsque plusieurs tirages sont possibles.

13.1.3 • Les mains se ressemblent

Une autre caractéristique du Omaha est que les mains de départ, puisqu'elles sont composées de quatre cartes, sont beaucoup plus rapprochées en valeur qu'à un jeu comme le Hold'em. Dans ce dernier, une paire d'As est très avantagée (à environ 4 :1) contre une plus petite paire comme une paire de roi.

Au Omaha haut, une main avec **A ♥ A ♠ 5 ♣ 8 ♣** n'a qu'un avantage de 1,5 : 1 face à une main du genre **K ♣ K ♠ Q ♣ J ♠** ou de 1,4 : 1 devant **5 ♥ 6 ♦ 7 ♥ 8 ♦**.

Cela ne veut pas dire par contre que toutes les mains sont jouables. Comme dans toutes les variantes, si vous partez avec une meilleure main, vous faites de l'argent à long terme. Et c'est surtout la façon dont on joue nos mains après le flop qui compte dans nos résultats. Comme dans toutes les variantes du poker, jouer 15% des mains est la norme à rechercher. Mais sachez par contre que votre paire d'as perdra très souvent.

13.2 • Omaha limite haut-bas (8 ou mieux)

Le Omaha limite haut-bas (ou Omaha 8) est un jeu qui est habituellement plein d'action. La plupart des joueurs sont beaucoup trop lâches et pensent qu'ils peuvent jouer plus de mains parce qu'ils ont plus de cartes. La résultante est qu'au Omaha 8, il y a beaucoup de joueurs sur le flop et que les pots sont souvent gros. Il faut donc s'assurer d'avoir une main d'excellente qualité pour se retrouver en tête au dévoilement. En vérité, il faut jouer aussi serré ici que dans une autre variante du poker.

13.2.1 • Avant le flop

Dans les variantes jouées pour haut et pour le bas, il est primordial de jouer des mains qui peuvent gagner le pot entier. La plupart du temps, cela signifie qu'il faut favoriser des mains qui sont fortes pour le bas. Une main comme A234 a la caractéristique de pouvoir remporter le bas facilement mais aussi de faire une suite pour le haut. Si l'as est assorti avec l'une des autres cartes, il sera possible de faire une couleur à l'as, ce qui donne beaucoup de valeur à cette main. Les mains les plus fortes dans cette variante du poker sont donc des mains comme AA23, A234, AA24, AK23, AQ23, AK24, 2345, etc. Et si, en plus, ces as et rois sont assortis, la valeur de la main augmente considérablement.

Dans les variantes jouées pour haut et pour le bas, il ne faut pas s'emporter avec des mains qui ne peuvent pas faire de bas de bonne qualité. Par exemple, des mains comme AA78, KQJT ou KKT9 deviennent finalement très marginales. À dire vrai, ces mains subissent une baisse de valeur énorme lorsqu'il y a un bas possible ou un tirage au bas possible. Ces mains devront la plupart du temps se contenter de la moitié du pot, en prenant pour acquis, bien entendu, qu'elles réussissent à éviter toutes les cartes qui peuvent donner une meilleure main à un autre joueur. C'est beaucoup demander. Retenons que ces mains sont jouables dans de bonnes conditions mais qu'il faut vraiment un bon flop pour continuer sur le tournant.

13.2.2 • Les grosses paires

Dans la majorité des cas, les mains contenant des grosses paires telles que TT, JJ, QQ et KK sont aussi des mains marginales. Même une main avec une paire d'as accompagnée de deux cartes inutiles comme une paire de 7 non-assortie devrait généralement être couchée avant le flop. L'objectif est toujours de remporter le pot en entier, ce qui sera assez difficile contre plusieurs joueurs si vous avez seulement une paire d'as. Et même si vous floppez un set d'As, en réalité, cela veut dire qu'il y a une carte de plus pour le bas ce qui, statistiquement, va effectivement résulter en un bas possible plus souvent. Alors, si votre main n'a d'autre de valeur qu'une grosse paire, il est préférable de la jeter avant le flop la plupart du temps.

13.2.3 • 6, 7, 8 et 9

Les mains contenant des 6, 7, 8, et 9 sont des mains à éviter. Elles ne peuvent pas faire des mains de qualités. Même si vous faites une suite avec un 6 et un 7, ce ne sera pas souvent, d'une part, le max (la meilleure main possible), et, d'autre part, un bas sera possible et même probable. Je ne m'attarderai pas non plus à discuter de la valeur de ces mains si les cartes sont assorties. Une couleur au 9 ne vaut tout simplement rien. Donc des mains telles 6789, 6678, 7899, A678, A899 etc. devraient être automatiquement couchées. De plus, si votre main est marginale mais qu'elle a également l'une de ces cartes (comme AKQ7 ou A489), la meilleure stratégie est probablement aussi de la coucher.

Évidemment si vous avez une main relativement correcte comme A248, vous pourrez probablement faire un profit malgré cette béquille du 8, mais sachez que votre main est tout de même plus marginale.

13.2.4 • Devant une relance

Certains joueurs ne relancent qu'avec des mains fortes pour le bas ou qu'avec des mains contenant une paire d'As. Il est important de bien repérer ces joueurs. Quand l'un de ces joueurs relance, vous pouvez être assez certain qu'au moins un as se retrouve dans sa main. Des mains comme 2368 doivent alors être couchées puisque les chances qu'un As tombe sur le flop diminuent considérablement. De plus, si votre main contient un A2 avec deux mauvaises cartes, comme un 6 et un 9, il peut être sage de coucher votre main si vous croyez que votre adversaire a aussi un autre A2, puisqu'il risque d'avoir de meilleurs acolytes comme un 3 ou un 4, et que de toute façon il est probable que vous jouiez pour la moitié du bas.

13.2.5 • La relance avant le flop

Relancer au Omaha 8 avant le flop devrait essentiellement être fait en lien direct avec les caractéristiques de votre main. Certaines mains se jouent mieux contre un seul adversaire et d'autres contre cinq adversaires.

Si par exemple, vous croyez pouvoir jouer seulement contre le gros blind en relançant, alors relancez lorsque vous avez une main qui peut gagner par elle-même comme AAxx ou KKxx ou bien AKQJ (des mains qui aiment plus des petits pots).

Si par contre vous avez A234 et que vous êtes premier à parler préflop, il est souvent mieux de seulement égaliser, et d'espérer un pot familial. Vous pourriez même, si un joueur relance derrière vous et plusieurs suivent, sur-relancer et engraisser ce pot, parce que vous avez une excellente main qui se joue bien à plusieurs joueurs. Mais vous ne voulez pas nécessairement relancer en partant, de peur de faire coucher plusieurs joueurs.

13.2.6 • Le flop et après

Comme dans toutes les variantes à flop, il est primordial que le flop complète bien votre main. Au Omaha 8, cela signifie au moins deux cartes de bas pour continuer avec un tirage au bas. Et la plupart du temps, il est important d'avoir le meilleur tirage possible. Il est bien fâchant d'avoir AA23 dans sa main et de voir un flop de 8 9 T, mais il faut avoir la discipline de coucher notre main quand le flop ne nous est pas favorable. Continuer avec ces mains en espérant que les deux prochaines cartes soient celles qu'il nous faut, est ordinairement suicidaire.

Pour le haut, c'est un peu le même principe, il faut avoir le meilleur tirage possible. Par exemple, le tirage à la meilleure couleur si deux cartes sont assorties. Ou bien le meilleur set ou les deux paires supérieures. Ce sont des mains qui feront d'excellentes mains si elles sont complétées. Mais qu'importe votre main pour le haut, sachez qu'elle sera généralement vulnérable. Contre plusieurs adversaires, une couleur est ordinairement trop faible si le tableau contient une paire (faisant une main pleine possible). Il est important aussi de souligner que les mains pour le haut perdent beaucoup de valeur quand un bas devient possible parce qu'elles jouent alors pour remporter seulement la moitié du pot.

Donc assurez-vous de bâtir les meilleures mains possibles. Si vous avez un tirage à la couleur et votre plus forte carte est un valet ou une dame, il est généralement mieux de se coucher.

13.2.7 • Coucher le max

Le Omaha est l'une des seules variantes du poker dans laquelle il est parfois bon de coucher le max. Par exemple, si vous êtes dans un blind avec un 4 et un 5, et le flop tombe 3-6-7 avec deux piques, il peut être sage de coucher votre main, surtout si plusieurs joueurs sont impliqués dans le pot. Un bas, dans cette situation, devient probable et vous n'aurez donc, si vous gagnez, que la moitié du pot.

De plus, n'importe quel pique, 3, 6, 7, 8, 9 ou T peut donner à un autre joueur la meilleure main. Il est préférable d'attendre une meilleure situation. Je comprends très bien que pour un joueur de Texas Hold'em, coucher une suite au flop est impensable. C'est néanmoins souvent la meilleure solution au Omaha 8 quand le flop est dangereux.

Même une main comme deux paires de 5 et 8 ou un set de 5 sur un flop de J85 devraient être couchées assez souvent, surtout si le flop contient un tirage à la couleur. Vous pourriez perdre contre une suite, une couleur, et même il n'est pas rare d'être contre un meilleur set ou une main comme J8. De plus, si une autre carte en bas de 8 tombe, vous ne jouerez que pour la moitié du pot. Ce n'est pas une situation très enviable.

Le Omaha 8 est très complexe et il faut jouer des heures et des heures pour vous permettre de bien en saisir les subtilités. Comme la plupart du temps, trois ou quatre joueurs se retrouveront au dévoilement, il est important de viser le max dans vos tirages. Tirer à la deuxième ou troisième meilleure main vous sera très coûteux au long terme. Assurez-vous donc que le flop vous ait vraiment aidé avant de vous aventurer plus loin.

13.2.8 • Attention au meilleur bas possible

Il faut faire attention avec le meilleur bas possible parce qu'il n'est pas rare de voir deux joueurs avec la meilleure main. Donc, si le pot est relancé, il est souvent mieux de simplement égaliser, et ne pas sur-relancer, parce vous serez souvent confrontés à un joueur qui a la même main que vous, et vous ne gagnerez que le quart du pot.

13.3 • Omaha haut limite du pot

Le Omaha haut limite du pot (ou PLO) est un jeu qui est également plein d'action. La plupart des joueurs sont beaucoup trop lâches et pensent qu'ils peuvent jouer plus de mains parce qu'ils ont plus de cartes. À la différence du Omaha 8, un joueur peut miser le pot en entier au lieu d'une mise d'une fraction du pot. Cela signifie qu'il faut être très prudent dans ses tirages et bien comprendre les principes de cotes du pot et de cotes implicites. Tout comme au Omaha 8, où neuf cartes sont en jeu pour chaque joueur, il faut s'assurer d'avoir une main d'excellente qualité afin de se retrouver en tête au dévoilement. Et il faut également viser les meilleures mains, comme les meilleures suites, couleurs et mains pleines.

13.3.1 • Avant le flop

Une bonne main de PLO est ordinairement une main qui se complète bien. Ainsi, une main dans laquelle vous avez AKQJ assortie ou 889T sont des exemples de mains dans lesquelles toutes les cartes sont utiles. Un peu comme au Hold'em, le PLO est un jeu de grosses cartes, mais ici, on parle de quatre grosses cartes ensembles. Des mains comme 889T sont jouables, mais préférablement si votre vous êtes en dernières positions et qu'il n'y a pas eu une grosse relance. Les mains les plus fortes dans cette variante sont des mains comme AAKK, AAQQ, AAJT, KKQJ, AKQJ, KQJT etc. Bien entendu, tout comme pour le Omaha 8, si ces as et rois sont assortis en plus, la valeur de la main augmente considérablement.

13.3.2 • Les grosses paires

Dans la majorité des cas, les mains contenant des grosses paires, contrairement au Omaha 8, sont des mains de bonnes qualités. Même si vous aimeriez le plus possible détenir une main contenant quatre cartes qui se complètent, une main contenant AA ou KK sans acolyte utile est, malgré tout, jouable de toutes les positions. Des mains avec QQ, JJ ou TT doivent, quant à elles, être prises avec précaution et jouées d'une façon conservatrice avant le flop. Vous pouvez relancer si un ou deux joueurs ont égalisé, mais sur-relancer avec des telles mains n'est pas souvent un bon jeu.

13.3.3 • Devant une relance

Certains joueurs ne relancent qu'avec des As. Il est important de bien identifier ces joueurs. Votre stratégie avec ce genre de joueur, devrait être de bien calculer vos cotes implicites, surtout s'il a relancé. Si vos cotes sont alléchantes, allez-y et appelez avec vos meilleures mains. Des mains comme 5678 et 899T sont d'excellentes candidates faire tomber la grosse paire d'un adversaire.

13.3.4 • La relance avant le flop

Lorsque vous êtes dans les premières positions, vous ne devriez pas relancer souvent. Lyle Berman, membre du temple de la renommée du poker, a déjà dit que même avec une main contenant des as on ne devrait pas relancer si on est le premier à ouvrir (ou dans les premières positions). Si c'est votre cas, contentez vous donc de suivre, et ensuite peut-être de sur-relancer une relance.

Par contre des autres positions une relance avec une grosse paire (AA ou KK) est plus envisageable, mais soyez certains de pouvoir réduire considérablement le nombre de joueurs, et leurs cotes. Donc si vous voulez relancer, relancez d'un montant égal à au moins 75% du pot.

13.3.5 • Faire « un » avec le flop

Comme dans toute variante à flop, il est primordial que le flop complète bien votre main. Même si l'on a la plus forte main d'Omaha Haut, soit **A ♥ A ♠ K ♥ K ♠**, si le flop est de **5 ♣ 6 ♦ 7 ♦**, on remportera rarement la main devant plusieurs adversaires.

Le flop est le point tournant de la main. C'est sur le flop que les bonnes décisions doivent être prises. Une mauvaise décision sur le flop peut rendre le reste de la main très coûteuse et quadrupler ou quintupler l'erreur, augmentant de beaucoup vos pertes.

Il faut donc y aller prudemment lorsque l'on a une grosse paire et que le flop ne nous aide pas. Contre un seul adversaire, une mise est souvent une décision adéquate, mais contre plusieurs joueurs, passer et même se coucher est souvent l'option la plus appropriée.

Idéalement, il faut que le flop nous donne la meilleure main possible ou le meilleur tirage possible. En fait, le meilleur scénario est de flopper la meilleure main avec un tirage à une meilleure main.

Par exemple, un flop de **7 ♥ 8 ♠ T ♥** serait excellent pour une main telle que **A ♥ 9 ♥ J ♠ Q ♦**. Notez que le joueur ayant cette main a la meilleure suite sur le flop. Mais ce n'est pas tout, il a un tirage à la meilleure couleur en cœur et à une suite plus élevée. C'est ce genre de flop qu'il faut rechercher. Bien sûr, bien d'autres flops de moins bonne qualité seront jouables mais gardez toujours en tête que le but au Omaha est d'avoir le max.

De la même façon, il peut être bon, à l'occasion, de coucher le max si vous pensez que votre adversaire et vous avez la même main, comme une suite, et que vous n'avez plus de tirage pour améliorer votre main. Vous pourriez alors vous retrouver dans une situation qui vous donnerait, dans le meilleur des cas, la moitié du pot, en admettant que l'autre joueur ne frappe pas quand son tour viendra. Une situation plus ou moins enviable.

13.3.6 • La grosseur des mises

À la limite du pot, il est important de couper les cotes de vos adversaires en misant de bons montants. Dans un pot de 100$, une mise de 25$ donne automatiquement une cote du pot de 5 :1 à un adversaire, amplement suffisant pour égaliser sans faire d'erreur avec une multitude de mains. Une mise de 100$ coupe considérablement les cotes, ce qui force un adversaire à faire une erreur la plupart du temps s'il égalise avec une main marginale. Tel que mentionné précédemment, je vous recommande de miser 75% du pot la plupart du temps.

De plus, une petite mise limitera la mise permise au tournant (puisqu' au PLO on ne peut que miser le montant du pot), ce qui pourrait d'une part, couper vos profits, et d'autre part, donner de trop bonnes cotes, surtout implicites, à un adversaire.

13.3.7 • La mise au tournant

Probablement l'une des décisions les plus importantes au PLO est celle de miser ou non le tournant lorsqu'un ou deux adversaires ont égalisé notre mise du pot sur le flop. La connaissance des tendances de ces joueurs devient alors primordiale. Aiment-ils courir après leurs tirages ? Est-ce que la carte du tournant peut avoir aidé mes adversaires ? Etc.

Selon votre interprétation des comportements des adversaires, il vous faudra décider de miser ou non le tournant. Si vous estimez que les chances sont bonnes qu'un adversaire vous relance, ce que vous aimeriez éviter, il serait alors peut-être mieux de passer.

Au PLO, il est possible pour un adversaire de relancer suffisamment pour vous faire coucher votre main. Soyez donc vigilants, afin de bien évaluer la situation au tournant.

13.3.8 • La rivière

La différence entre un bon joueur et un expert est souvent dans les mises faites à la rivière. Certains joueurs peuvent miser des mains plus marginales, sachant très bien qu'ils seront payés par une main un peu inférieure. Au PLO, ces mises peuvent rapporter gros.

Pour exceller au Omaha limite du pot, il faut parfaitement comprendre les principes de cotes puisqu'ils dictent très souvent la stratégie optimale. Il faut aussi frapper le flop très solidement. Une paire supérieure sur le flop est souvent une main médiocre. Il faut vraiment chercher à bâtir des mains d'une grande qualité, surtout quand vous affrontez quelques joueurs.

Le Omaha limite du pot est l'une des versions les plus spectaculaires du poker. Les pots sont habituellement gros. Il y a de l'action et les joueurs de plus faible calibre s'y perdent plus facilement. Bref, tout pour permettre aux experts d'avoir du succès.

14

Les tournois de Poker

Les tournois de poker représentent, selon moi, l'apothéose du poker. Les tournois combinent toutes les stratégies importantes des parties conventionnelles à l'argent mais demandent également d'autres habiletés qui sont propres aux tournois. Si vous aimez l'action, une bonne poussée d'adrénaline et avez des nerfs d'acier, les tournois de poker sont pour vous.

Avec la popularité grandissante du poker au cours des dernières années, et avec le nombre d'émissions de poker maintenant diffusées à la télévision, les tournois de poker sont devenus la forme de poker la plus populaire. Les tournois permettent aux amateurs de se mesurer aux meilleurs du monde, ce qui ne serait pas possible dans un format de partie à l'argent puisque les experts jouent habituellement à des limites beaucoup trop élevées. Dans un tournoi, si vous avez l'argent pour payer votre entrée, vous pourrez vous retrouvez à la même table qu'une superstar du poker et peut-être même l'éliminer !

Le poker conventionnel est beaucoup plus routinier que le poker joué en tournoi. C'est là que réside la plus grande différence. Dans une partie à l'argent, les joueurs s'affrontent habituellement pendant plusieurs heures de suite dans une partie qui aura le même format du début à la fin.

En tournoi, les joueurs se font éliminer rapidement. Vous aurez donc à faire face à beaucoup plus d'adversaires différents durant la même période de temps. De plus, vous devrez vous battre alors que les mises augmentent constamment. Et surtout, vous ne pourrez pas retourner dans vos poches si vous perdez tous vos jetons.

Le poker de tournoi est un jeu qui nécessite des ajustements constants et, pour y avoir du succès, il faut être capable d'y faire face. Il faut s'ajuster aux hausses de limites, à la grosseur de votre tapis (au nombre de jetons que vous avez), à la grosseur du tapis de vos adversaires, aux changements de tables et à l'arrivée de nouveaux joueurs. Ceux qui excellent en tournoi sont habituellement les joueurs qui réussissent le mieux à s'ajuster aux diverses variables.

Il faut aussi tenir compte des places payées, du nombre de joueurs restants et de l'impact de ces changements sur la stratégie de vos adversaires. C'est ce qui en fait vraiment une forme de poker passionnante.

Vous remarquerez aussi que la stratégie que je vous propose n'est pas très différente d'une bonne stratégie de partie à l'argent. En fait, le poker de tournoi en général ne nécessite pas un si grand ajustement par rapport à une partie tradition-nelle. Vers la fin de tournoi, lorsque les joueurs sont dans les bourses et qu'un jeu peut directement influencer la bourse reçu, alors certains ajustements peuvent être considérés. Mais dans les premiers stades du tournoi, vous devriez essentielle-ment jouer la même stratégie que dans vos parties à l'argent.

Par contre vous remarquerez que vos adversaires joueront beaucoup plus serrés que normalement, et que vous devrez vous ajuster en conséquence.

Voyons ces concepts en détail.

14.1 • Le facteur chance en tournoi

Puisque les limites grimpent rapidement, les tournois se caractérisent également par le fait que le facteur chance y est plus élevé. La plupart du temps, vous ne pouvez tout simplement pas jouer avec une stratégie conservatrice et patiente, surtout lorsque les premiers niveaux sont passés.

Vous devrez jouer plus de mains marginales, ce qui accentue la chance à court terme. De plus, si vous perdez un gros pot à un moment crucial, il est presque impossible de bien figurer. Tous ces éléments font en sorte que n'importe qui peut remporter un tournoi, même un tournoi de grande envergure. Si Dame Chance vous sourit aujourd'hui, tout peut arriver.

Et peu importe votre calibre de jeu, il faut être chanceux pour remporter un tournoi. C'est inévitable. Mais la chance peut prendre plusieurs formes et ça ne veut pas nécessairement dire que vous devrez gagner avec une main qui n'était pas favorite.

Par exemple, c'est chanceux de se retrouver sur une table pleine de joueurs médiocres. C'est chanceux de se retrouver à une table qui va casser tard dans le tournoi, ce qui vous donne plus de temps pour étudier vos adversaires, au lieu de changer constamment de table. C'est chanceux d'avoir un adversaire qui a KK lorsqu'on a AA. C'est chanceux que vos bonnes mains gagnent chaque fois, et ne subissent pas de mauvais sorts. Bref la chance peut être interprétée de plusieurs façons et puisqu'un tournoi est un événement de très courte durée, elle peut grandement influencer les résultats.

14.2 • Le plus grand mythe du poker

Probablement le plus grand mythe au poker est celui qui dit que l'objectif premier en tournoi est de « survivre ». Ce n'est pas la bonne façon de penser en tournoi. Le but premier est plutôt de jouer de façon à accumuler le plus de jetons possible.

Bien sûr, si vous vous rendez loin dans un tournoi vous aurez survécu par défaut. Mais pour gagner, vous devez accumuler tous les jetons en jeu aussi !

Les joueurs qui préconisent une stratégie de survie jouent habituellement trop serrés, et ne prennent pas assez de risques, par peur de se faire éliminer.

Il ne faut pas approcher un tournoi en se disant qu'on va essayer de durer le plus longtemps. Il faut plutôt tenter de prendre les meilleures décisions qui seront les plus profitables.

14.3 • Allez-y pour un podium

Si vous regardez les bourses typiques des tournois, vous vous apercevrez que les joueurs qui terminent dans les trois premières places remportent presque la moitié de la bourse totale.

Par exemple, un tournoi à 100$ avec 300 joueurs aura une bourse totale de 30 000$. Dans ce genre de tournoi, les bourses seront typiquement distribuées aux joueurs qui termineront dans les 30 derniers. Le 30^e recevra autour de 200$, le 3e 3000$, le second 5000$ et le gagnant 9000$. Cela signifie que vous pourriez terminer 15 fois 30e, et ne pas faire plus qu'un joueur qui termine 3e une seule fois.

Il est donc clairement plus profitable de tenter de se placer dans les trois premières places. Cela signifie qu'il ne faut pas jouer pour survivre, mais bien pour accumuler le plus de jetons. Beaucoup de joueurs ne comprennent pas ce concept. En conséquence, vous ne devriez pas avoir peur de mettre votre tapis (tous vos jetons) en jeu si la situation est favorable, même si vous serez éliminé plus souvent qu'autrement.

Par exemple, voyons une main que j'ai jouée récemment dans un tournoi de Hold'em sans-limite au casino Palms de Las Vegas. J'étais dans le gros blind avec As7s et le flop est tombé Ks 6c 3s, me donnant un tirage à la couleur. J'ai décidé de passer. Un de mes adversaires a ensuite misé tout son tapis, et un autre a suivi. C'était maintenant à moi de jouer. Si je jouais la main et perdais, je serais éliminé du tournoi parce que mes adversaires avaient plus de jetons que moi. J'ai donc calculé mes cotes du pot, et ils étaient de 3 :1. Mes chances de frapper ma couleur soit au tournant ou à la rivière étaient d'environ 2 :1. Donc j'étais dans une situation profitable. Beaucoup de joueurs se coucheraient ici parce qu'ils ne gagnent que 33% du temps. C'est une grosse erreur. Il faut tenter le tirage et c'est ce que j'ai fait. Et j'ai frappé mon tirage, triplant du fait mon tapis. J'ai ensuite vogué vers la victoire !

Bien sûr, gagner ce pot ne garantissait pas que je terminerais dans les premières bourses, loin de là; le facteur chance est toujours omniprésent. Mais c'était un pas dans la bonne direction. Jouer ces tirages profitables vous fait gagner de plus gros pots, ce qui vous permet de rivaliser plus longtemps et ne pas avoir à modifier votre stratégie générale parce que les blinds augmentent trop rapidement. Ceux qui couchent de telles mains ont beaucoup de misère à accumuler un gros tapis, et doivent constamment combattre l'effet des blinds qui augmentent. Il vaut mieux jouer un gros pot dans une bonne situation, quitte à se faire éliminer, que de durer plus longtemps sans jamais se donner une chance de bâtir un tapis qui pourra aller chercher les premières places. C'est comme la phrase classique d'Amir Vahedi, longtemps considéré comme l'un des meilleurs joueurs de tournoi au monde : « Pour vivre, il faut être prêt à mourir ! ». Pour maximiser vos profits de tournoi, il faut être prêt à tout mettre en jeu si la situation est bonne.

Il y a une vieille citation parmi les joueurs qui jouent du poker qui opte pour la survie : « le meneur en jetons après la première journée d'un gros tournoi ne gagne jamais le tournoi ». C'est souvent vrai. Mais prendre de bons risques demeure une bonne stratégie. Si cet adage est souvent vrai, c'est plutôt parce que dans les tournois qui durent plusieurs jours, les joueurs partent avec beaucoup de jetons dans leur tapis par rapport aux blinds, qui augmentent très lentement, ce qui signifie qu'une stratégie serrée est optimale, et qu'un joueur qui réussi à accumuler une gros tapis a habituellement joué des mains à espérances négatives, et a été chanceux.

Autrement dit, dans ces tournois, à moins que les cartes nous aient grandement favorisées, réussir à accumuler, par exemple, 10 fois plus de jetons durant la première journée de jeu montre généralement un jeu trop lâche et inapproprié. Ce meneur en jetons est donc habituellement un joueur qui ne joue pas bien et qui fera ensuite des erreurs et se fera éliminer. Par contre, donnez ce gros tapis tôt dans le tournoi à un joueur compétent, et il gagnera beaucoup plus souvent qu'avec un petit tapis, ça c'est certain.

De plus, n'oublions pas que le poker de tournoi contient un grand facteur chance, et que même si l'on est meneur en début de tournoi, cela ne veut pas dire qu'on sera toujours en vie à la fin.

14.4 • Le « M »

L'indice « M », introduit par Dan Harrington (le champion du monde en 1994) dans son excellent livre « Harrington on Hold'em », est probablement le facteur le plus important dans votre stratégie de tournoi. Le M est en fait le nombre de tour de table que vous avez avant de perdre tous vos jetons.

Par exemple, si les blinds sont de 100-200 et vous avez 3000 en jetons, vous avez un M de 10. Il en coûte 300 par tour, et vous avez 10 fois plus que cela. L'indice M est ce qui devrait déterminer votre stratégie générale la plupart du temps. On peut regrouper les M en quatre groupes.

Lorsque vous avez un M supérieur à 20, vous êtes en excellente position. Votre tapis est très gros par rapport aux blinds, et vous pouvez vous permettre de jouer votre style favori, comme par exemple jouer très serré avant le flop. Puisque les blinds ne viendront pas amputer de beaucoup votre tapis, vous pouvez vous permettre d'être patient et attendre une main de qualité. Dans les tournois typique de basses entrées, il est assez rare de se retrouver avec un M supérieur à 20, à part peut-être dans les premiers niveaux.

Lorsque vous avez un M entre 10 et 20, vous êtes toujours dans une position confortable. Cependant, vous ne pouvez pas profiter autant des cotes implicites d'un plus gros tapis, alors il faut faire plus attention.

La situation se complique un peu lorsque vous avez un M entre 5 et 10. Probablement la situation la plus difficile en poker de tournoi est celle qui se vit lorsque vous avez 10 fois le gros blind. C'est un tapis difficile à jouer, parce que vous n'avez pas beaucoup de marge de manœuvre. Il vient un moment où si vous placez un trop grand pourcentage de votre tapis en jeu (autour de 40%), il est alors préférable de tout miser.

Avec un tel tapis, les blinds commencent à vous mettre de la pression, et vous allez devoir ouvrir davantage votre jeu, et prendre un peu plus de risques. Vous ne pouvez plus attendre une main de grande qualité. Il vous faudra commencer à relancer avec des mains comme A7, KT et 44 parce que le simple fait de remporter les blinds devient intéressant. C'est ici souvent que le joueur typique joue trop serré, essayant d'attendre la venue de cette grosse main. Elle arrivera peut être, mais, la plupart du temps vous ne l'aurez pas. Donc il vous faut tenter la chance avec des mains plus marginales.

Lorsque votre M descend sous les 5, vous êtes dans une situation critique. Il vous faut y aller à fond, et risquer l'élimination avec des mains très marginales, dans l'espoir de se sortir du trouble. N'oubliez pas que si vous attendez encore, les blinds doubleront habituellement dans 20 minutes ou moins. Bref, il faut vraiment jouer en maniaque. Relancer avec des mains comme A3, K8, QT devient souvent une tactique adéquate. Et il faut relancer « tapis ». Ne faîtes pas l'erreur de relancer moins que votre tapis. Il faut mettre de la pression sur vos adversaires, ce qui vous aidera à remporter le pot préflop. Il faut tenter de doubler rapidement, pour se donner une chance de se sortir de cette situation. Et si jamais cette grosse main survient plus tard, vous aurez au moins des munitions pour la faire fructifier.

Le M est le facteur le plus important en tournoi et il faut vous ajuster par rapport aux blinds qui augmentent sans cesse. Dans un tournoi typique, il n'est pas rare que le tapis moyen ait un M de 10. Dans ce type de tournoi, le facteur chance est très grand et c'est ce genre de tournoi que vous jouerez le plus souvent aux entrées basses. Il est donc important de bien s'ajuster, et d'attaquer les blinds lorsque votre tapis devient inadéquat. Cela revient à ce nous avons dit précédemment : lorsque le pot est gros, il faut tenter de le gagner le plus possible. Mais tout est relatif à votre tapis. Lorsque votre M est bas, le pot est « gros », et vous devez essayer d'aller le chercher.

14.5 • Voler les blinds

Un peu dans le même ordre d'idée, il est important de relancer préflop pour tenter de les voler lorsque les blinds deviennent intéressants. C'est un principe absolument essentiel de poker de tournoi gagnant. Chaque fois que vous réussissez à voler ces blinds, vous pouvez jouer un autre tour de table sans que ces blinds réduisent votre tapis.

C'est pour ça aussi que vous voyez parfois des bons joueurs tournoi relancer avec des mains plus marginales, simplement pour remporter ces blinds préflop.

14.6 • Attaquez les petits et fuyez les grands

Il y a aussi un principe important en tournoi qui dit que vous ne devriez pas attaquer un gros tapis, surtout un qui peut vous éliminer (qui a un plus gros tapis que vous), avec une main inadéquate.

Par exemple, il est beaucoup mieux de tenter de voler les blinds lorsque les joueurs dans ces blinds ont un tapis plus petit que le vôtre. Ils devront considérer dans leur décision le fait que vous pouvez les éliminer durant cette main, et ils joueront peut-être d'une façon un peu plus conservatrice, ce qui vous permettra de voler ces blinds.

D'un autre côté, un joueur avec un gros tapis sera peut-être plus libéral dans ses choix de mains et défendra son gros blind plus souvent.

14.7 • Apprenez les pourcentages

L'une des différences entre les tournois et les parties à l'argent réside dans le fait que plusieurs mains comportent un joueur qui est tapé (qui a misé tous ses jetons). Il est donc très important connaître par cœur certaines statistiques pour que vous puissiez prendre une décision éclairée. Par exemple, si vous avez une main comme AK, il est bon de savoir que face à une paire de dames ou à une paire plus petite, vous êtes à un peu moins de 50% des chances de remporter la main (c'est ce qu'on appelle un « pile ou face »). Alors, si un joueur devant vous fait tapis avec une plus petite paire et que vous avez AK

145

et que les cotes du pot sont de 1 :1 ou mieux, le bon jeu est de suivre sa mise. Mais si vous ne saviez pas que AK versus une plus petite paire est à 50%, il serait difficile de prendre correctement cette décision.

14.8 • La bulle

La bulle, c'est le moment du tournoi où on est proche des bourses. Par exemple, si 30 joueurs sont payés, la bulle se situe au moment où il reste de 31-35 joueurs dans le tournoi. Plusieurs joueurs vont alors jouer de façon extra serrée, de peur de se faire éliminer quand on est si proche du but. N'oublions pas que notre objectif est de terminer dans les trois premières places, et ce n'est surtout pas le temps de changer de cap. En effet, la bulle est un moment qui peut être très profitable pour un joueur agressif. Puisque plusieurs joueurs jouent très serré, cela veut dire que vous aurez beaucoup d'opportunités de voler les blinds, et de mettre de la pression sur vos adversaires en jouant agressivement.

C'est également l'une des raisons pour laquelle il est très important de tenter de bâtir un gros tapis rapidement en début de tournoi. Lorsque vous avez plus de jetons que vos adversaires, vous aurez beaucoup plus de facilité à voler les blinds, et à leur mettre de la pression, puisque vous pouvez les éliminer du tournoi. Dans la bulle, jouer pratiquement en maniaque est souvent une bonne stratégie.

14.9 • Le jeu dans l'argent

Lorsque vous serez dans l'argent, c'est-à-dire parmi les joueurs qui seront payés, vous verrez que plusieurs des joueurs qui jouaient trop serrés dans la bulle, vont maintenant modifier leur façon de jouer. Ils seront prêts à prendre plus de risques. Ils font désormais un peu de profit, leur journée n'est pas perdue, et ils peuvent donc y aller pour la victoire. En conséquence, vous devez prendre en considération que ces joueurs seront plus libéraux dans le choix de leurs mains lorsque vous jouerez contre eux.

C'est dans l'argent aussi que certaines considérations doivent parfois être faites pour maximiser vos profits. Par exemple, s'il reste 10 joueurs et que la 9e place paie considérablement plus que la 10e et que vous avez un tapis très petit, il est parfois mieux de coucher des mains correctes s'il y a une chance qu'un joueur se fasse sortir avant vous.

Par exemple, si vous avez une main comme 55 et qu'un joueur relance devant vous, il est peut-être souhaitable de coucher votre main, s'il y a une possibilité que vous terminiez au moins 9e. Il pourrait par exemple y avoir un joueur avec un petit tapis qui sera dans le gros blind prochainement. Il pourrait alors être obligé de jouer une main plus faible et ainsi se faire sortir. Par contre, il ne faut pas pousser ce concept à l'extrême. Si vous avez une main de grande qualité, comme KK, vous passerez une trop bonne opportunité de doubler en vous couchant.

15

Concepts Avancés

15.1 • L'embuscade

L'embuscade est un jeu très utilisé par la plupart des joueurs de poker. Il consiste à passer avec l'intention de relancer la mise après qu'un adversaire ait misé. C'est généralement un signe de force, beaucoup plus qu'une mise ou relance habituelle. Lorsque vous avez une main de qualité, il peut être très intéressant de tenter une embuscade.

Par exemple, si vous avez une main comme **J** ♠ **T** ♦ et le flop tombe **J** ♦ **T** ♠ **5** ♣, passer en espérant qu'un autre joueur misera pour ensuite relancer est souvent le bon jeu. Cela permet, bien entendu, d'augmenter le pot lorsque vous avez une main de qualité.

Une embuscade devient également une façon de déguiser votre jeu. En effet, cela veut dire que lorsque vous passez, vos adversaires ne peuvent pas automatiquement conclure que vous êtes faible.

Par contre, il faut comprendre que vous devez vous trouver dans la bonne situation pour tenter un tel jeu. Tout d'abord, il faut évidemment être l'un des premiers à parler. Ensuite, il faut être assez certain qu'un adversaire va miser derrière nous, sinon, on donne la chance à tous nos adversaires de nous battre sur la prochaine carte, sans les avoir fait payer pour tirer. Donc dans notre exemple, si deux joueurs passifs de trouvent derrière nous, il vaut probablement mieux de miser soi-même. Par contre si deux joueurs assez agressifs parlent après nous, alors une embuscade peut être un excellent jeu.

De plus, il faut toujours examiner la texture du flop. Sur un flop de J T 5, surtout s'il y a un tirage à la couleur, il devrait y avoir de l'action, parce que ce flop risque fort d'avoir frappé quelqu'un. Par contre, sur un flop de K 8 2 et vous avez K8, le nombre de tirage est presque nul, alors les chances qu'un adversaire mise derrière vous sont plus faibles.

Une autre situation propice à l'embuscade survient lorsque vous complétez un tirage au tournant, surtout un tirage à la suite, parce qu'ils sont mieux déguisés. Par exemple, si vous avez Q ♠ J ♥ et le flop était de K ♥ T ♠ 4 ♦ et au tournant un 9 ♠ tombe, vous donnant une suite, l'embuscade peut être une excellente alternative.

Finalement, n'oubliez pas que si vous avez une main qui est forte, il pourrait être beaucoup mieux de miser, en espérant qu'un joueur relance, afin que vous puissiez ensuite sur-relancer. En conclusion, il faut toujours considérer ce que pourrait se passer derrière vous dans votre choix de jeu.

15.2 • La carte gratuite

La carte gratuite est un jeu qui vous permet de tirer gratuitement lors d'une ronde de mise. En fait, le terme « gratuit » est un peu trompeur, parce qu'en vérité le jeu de la carte gratuite vous coûte quelque chose, mais moins que ce que vous auriez pu payer.

Prenons un exemple d'une main de Hold'em 5-10. Vous êtes sur le bouton contre trois adversaires et détenez Q ♠ J ♥ et le flop tombe K ♥ T ♠ 4 ♦. Un joueur mise, l'un se couche, l'autre suit et c'est à vous. Dans une telle situation, y aller pour la carte gratuite peut être une excellente stratégie. Il faut ici relancer la mise en espérant que vos adversaires suivent sur ce tour, et passent alors au tournant. Vous pourrez ensuite « prendre une carte gratuite » et passer à votre tour, si vous ne complétez pas votre tirage.

Remarquez que vos adversaires font une erreur théorique au tournant, puisque s'ils savaient ce que vous aviez, ils devraient miser. Notez aussi que la carte gratuite que vous avez eue vous a en fait coûté 5$ d'extra sur le flop. Vous auriez pu tout simplement suivre la mise de votre adversaire au lieu de relancer à 10$. Cependant, il est fort probable que ce joueur aurait misé le tournant aussi, et il vous en aurait coûté 10$ additionnels pour tirer à la rivière. Donc, au lieu de vous coûter 15$, il vous en a coûté 10$, ce qui est une économie de 5$. Et comme nous l'avons vu, tout l'argent sauvé est un profit pour vous. De plus, si jamais vous frappez votre tirage au tournant, cela vous fera plus de profit, puisque vous miserez après avoir relancé le flop.

Voici un autre exemple : vous êtes au flop contre deux joueurs. Vous détenez 88 sur un tableau de Q 7 6. Un adversaire passe, l'autre mise et c'est à vous. Le joueur ayant misé est assez agressif et pourrait facilement avoir un tirage. Un bon jeu ici peut être de relancer. Cela aura mettra de la pression sur le joueur qui a passé (il devra payer deux mises), et ce jeu pourra aussi vous donner une carte gratuite au tournant. Vous pourriez être battu, mais il se peut aussi que votre adversaire ait un tirage et que votre paire soit bonne. Donc le jeu de la carte gratuite est intéressant dans cette situation. Remarquez toutefois que le nombre d'adversaires est restreint, et que le joueur qui mise est agressif. Dans d'autres circonstances, il peut être préférable de coucher sa main au flop.

Il faut cependant que les conditions soient bonnes pour tenter le jeu de la carte gratuite. Il faut d'abord être dans les derniers à parler. Ça ne sert à rien de tenter ce jeu si vous devez parler en premier sur la ronde suivante. Aussi, vous devez faire face à des adversaires qui risquent de suivre votre relance (au lieu de sur-relancer), et aussi passer au tournant. S'ils sont moindrement agressifs, ils n'hésiteront pas à sur-relancer le flop, ou à miser le tournant, ce qui vous coûtera finalement plus que si vous n'aviez qu'égalisé la mise initiale. Donc choisissez bien la situation.

Finalement, tenter la technique de la carte gratuite permet de balancer votre jeu et s'inscrit dans l'optique de relancer des mains plus faibles, au lieu de jouer plus passivement des mains plus fortes. J'ajouterai, puisque ce jeu ne peut être fait qu'au flop, qu'il respecte mes recommandations d'une stratégie globale qui vise à relancer vos bonnes mains au flop et non au tournant. Lorsque vous relancerez, vos adversaires ne sauront pas si vous avez une paire, deux paires, un set ou un tirage ce qui vous rendra beaucoup plus difficiles à lire.

15.3 • Le bluff

Lorsque l'on parle de poker à quelqu'un qui ne connaît pas vraiment le jeu, il pense habituellement qu'il n'y a que du bluff. Bien que le bluff ait un rôle important à jouer dans le succès d'un bon joueur, il n'en demeure pas moins que d'autres aspects comme les probabilités et les mathématiques sont des éléments bien plus déterminants que le bluff. Néanmoins, le poker reste un jeu dans lequel on veut déjouer son adversaire, et le bluff est l'un des moyens les plus importants pour atteindre ce but. Il est aussi vrai que vous pouvez gagner au poker sans bluffer, mais vos profits seront bien plus gros si vous maîtriser cet aspect.

Le coté spectaculaire du bluff c'est qu'on vole littéralement le pot. On remporte le pot avec la pire main, un pot qui ne nous aurait pas été attribué si l'on n'avait pas misé. Il n'y a pas de jeux ou de situations dans la vie courante où mentir et voler soit permis, encouragé même. Et soyons honnête, bluffer et gagner le pot, c'est assez plaisant.

Pour avoir du succès en bluffant, il faut en premier lieu se mettre dans la tête de ses adversaires. Bien des joueurs lancent des bluffs au hasard en ne songeant pas vraiment à la situation et à la réaction probable des autres joueurs. Ce qui est important, c'est de bien lire la situation et surtout d'avoir une bonne idée de ce que peuvent avoir les autres joueurs dans leur main.

L'une des règles de base à suivre est de considérer le nombre d'adversaires que l'on aura à déjouer pour que le bluff soit un succès. Plus il y a de joueurs, plus les chances que le bluff fonctionne sont faibles. En général, bluffer un pot où il y a trois adversaires ou plus n'est pas une bonne idée. Réussir à déjouer un ou deux joueurs est bien plus facile.

De plus, vous devriez toujours vous demander quel type de joueur est votre adversaire. Est-il du genre à toujours appeler votre mise ? Ou bien est-il du style à se coucher souvent ?

Il est primordial d'évaluer vos chances de succès avant de tenter le bluff. Ainsi, contre un adversaire lâche qui suit toutes les mises, il serait un peu stupide de tenter le bluff, surtout si vous n'avez pas vraiment de chance de remporter le pot immédiatement. Voilà pourquoi une bonne évaluation des personnalités et des habitudes de vos adversaires est déterminante dans votre décision de bluffer ou non.

15.4 • Le semi-bluff

L'exemple de la relance avec un tirage bilatéral (avec **Q ♠ J ♥** sur un flop de **K ♥ T ♠ 4 ♦**) que l'on a vu dans le chapitre de la carte gratuite était fondamentalement ce que l'on appelle un semi-bluff. Un semi-bluff peut être décrit comme une mise ou une relance avec une main qui ne risque pas d'être la meilleur en ce moment, mais qui a de bonnes chances de le devenir sur la prochaine avenue (ronde de mise).

C'était un bluff proprement dit, puisque vous n'aviez rien de valeur dans votre main, mais il y avait huit cartes qui vous donnaient la suite, et vous alliez frapper cette suite environ 20% du temps.

L'objectif premier d'un semi-bluff est de remporter le pot tout de suite. D'un point de vue théorique, mettre plus d'argent dans le pot lorsque vous n'avez que 20% des chances de gagner n'est pas un très bon jeu. Mais en relançant, vous représentez une main plus forte que celle que vous avez. Il ne serait pas exagéré de penser que votre adversaire pourrait coucher une main comme JT sur ce flop de **K ♥ T ♠ 4 ♦**, pensant que vous avez un roi, ce qui serait pour vous un excellent résultat.

Voici un autre exemple. Vous êtes au tournant avec **A ♠ 5 ♠** contre un seul joueur. Le flop était de **T ♠ 4 ♠ 2 ♥**, vous donnant un tirage à la couleur et à la suite et vous avez suivi une mise de votre adversaire. Le **K ♦** tombe alors et votre adversaire mise de nouveau. Si vous sentez que votre adversaire peut se coucher, relancer peut être un bon jeu. Remarquez que vous avez beaucoup de façons de remporter le pot. Vous pourriez frapper un pique ou un 3, et en plus un as pourrait vous donner la meilleure main. De plus, en relançant la mise, vous représentez une paire de roi ou mieux, et ça ne sera pas un appel facile pour votre adversaire s'il a une main comme JT ou 88. S'il se couche, tant mieux, et s'il suit, il vous reste encore beaucoup de façons de gagner la main.

Le semi-bluff est aussi une bonne façon de déguiser votre jeu, mais il faut faire attention. Il faut vraiment avoir une bonne indication que votre adversaire peut se coucher. Habituellement, tenter un semi-bluff contre plus de deux adversaires est très risqué, et ne fonctionnera pas la plupart du temps. Vous perdez de l'argent lorsque votre jeu échoue.

15.5 • Les « tells »

Les tells, que l'on pourrait aussi appeler des « indicateurs » ou des « indices » sont des manières, des attitudes ou des tics qui peuvent donner des renseignements sur la force de notre main. Les tells ne sont pas une invention du poker. Par exemple, certains enfants, lorsqu'ils racontent un mensonge à leur parent, ont l'habitude de toucher leur bouche en même temps. On retrouve aussi ce type de comportement au poker. Comme le bluff est une sorte de mensonge certains joueurs ont la même habitude et se touchent la bouche après avoir misé. C'est une réaction incontrôlée qui se fait à l'insu du joueur.

On trouve un autre exemple dans les cours de justice. Les avocats peuvent deviner la nature de la décision qui sera rendue par des jurés, juste avant qu'ils ne la fassent connaître, en examinant leur attitude générale. En effet, si les jurés semblent bouder l'accusé, qu'ils ne le regardent même pas, il est fort probable que celui-ci soit trouvé coupable.

Dans le film « Le Dernier Tour de Table », Mike McDermott, incarné par Matt Damon, dit à Teddy KGB qu'il l'a tellement bien lu qu'il couche une main exceptionnelle simplement parce que ce dernier mange son biscuit. Il a su reconnaître ce comportement et ce « tell » lui indique que Teddy a une main très forte. Lorsqu'on peut découvrir un tell sur un adversaire, cela nous donne évidemment un avantage considérable sur lui.

Chacun de nous a des émotions qu'il laisse voir, d'une façon ou d'une autre. Il en va de même au poker où un joueur donne souvent des indices sur son jeu et sa main. Quand vous parvenez à découvrir ces tells et leur signification, on dit que vous avez lu votre adversaire.

Évidemment, dans la vraie vie cependant ou dans une vraie partie si vous préférez, il est mieux de ne pas révéler à son adversaire qu'on l'a bien lu. On garde le secret afin de pouvoir en profiter une autre fois plus tard.

Le joueur Mike Caro se veut la référence dans le domaine des tells. Il a écrit un livre entièrement consacré aux tells que tout joueur sérieux devrait avoir dans sa collection. Selon lui, les tells peuvent être regroupés dans deux (2) grandes catégories, soit les tells non intentionnels ou inconscients et les tells d'acteurs.

15.1.1 • Tells Inconscients

Les tells non intentionnels sont des changements anormaux dans le comportement d'un joueur, comme dans l'exemple de la bouche cité plus haut. Les tells non intentionnels les plus fréquents sont :

- Main tremblante : indique une main forte

- Arrêt de respirer : indique un bluff

- Bref regard aux jetons : lorsqu'un joueur frappe sa main, il regarde rapidement ses jetons.

- Jetons misés lentement : indique une bonne main

Ces gestes ne sont pas voulus ni réfléchis par le joueur, ce sont simplement les émotions qui prennent le contrôle de son corps. Les tells non intentionnels sont généralement subtils et il faut être très concentré et attentif pour les détecter.

15.5.2 • Tells d'Acteurs

C'est dans la nature humaine, particulièrement autour d'une table de poker, de tenter de déjouer ses adversaires. Un joueur de poker typique tentera donc de se transformer en Tom Hanks en changeant son comportement d'une façon délibérée. Lorsque l'on sait comment interpréter ces gestes, c'est amusant. C'est même assez divertissant à voir et parfois franchement rigolo.

D'une façon générale, les acteurs font le contraire de ce qui est réel. La règle est que « faible » veut dire « fort » et « fort » veut dire « faible ». En d'autres mots, quand un joueur fait par exprès pour avoir l'air faible, il est probablement fort et vice versa.

Par exemple, si, pendant que vous pensez miser, un joueur vous regarde d'une façon hostile comme s'il était sérieux et prêt à vous relancer, c'est généralement qu'il ne veut pas que vous misiez.

Au contraire, s'il vous ignore soudainement et fait comme s'il était indifférent au fait que vous misiez ou non, c'est qu'il a une bonne main et vous relancera. D'autres joueurs agissent comme s'ils étaient dégoûtés par sa main et ils vous relanceront aussitôt qu'ils le pourront. Or, tout le monde convient qu'il n'est pas normal d'être attristé par sa main et de relancer malgré tout. Il mime la tristesse, comme un acteur, pour tenter de cacher la vraie valeur de sa main.

Il est très satisfaisant de détecter un de ces tells. On se sent comme si on avait réussi à battre son adversaire sans avoir à regarder ses cartes.

Il faut cependant faire attention et comprendre que ces tells ne sont pas fiables à 100%. Chaque joueur est différent et certains tremblent lorsqu'ils bluffent et non lorsqu'ils sont forts. Il faut, comme d'habitude, être très attentif durant le jeu pour trouver les bons indices et leurs significations.

J'ai voulu parler des « tells » pour vous montrer une autre facette du poker. Mais, honnêtement, avant de baser votre jeu sur les divers comportements de vos adversaires, il est bien plus important de bien comprendre, saisir et manipuler les principes de base du poker. Les probabilités, les mains de départ, savoir comment balancer son jeu, quand relancer, quand se coucher, etc., sont des éléments bien plus importants que l'étude du comportement humain. Les tells ne servent qu'à aider un joueur qui maîtrise déjà très bien ces principes.

Il y a déjà trop d'erreurs coûteuses qui peuvent être commises par un joueur novice sans qu'on ait besoin d'ajouter l'interprétation des attitudes et des tells des autres joueurs. De nombreux joueurs peuvent gagner leur vie en jouant sur internet, où il n'y a pourtant pas de tells physiques. Ces joueurs connaissent les autres notions de base du poker. C'est aussi ce que vous devez commencer à appliquer pour améliorer votre jeu et devenir un meilleur joueur.

15.6 • Le Jeu à Court

On appelle « le jeu à court » une table formée de 3 à 5 joueurs. Jouer à court diffère largement de jouer à une table complète. En effet, comme il y a moins de joueurs à la table, vous allez devoir payer plus souvent les blinds pour chaque heure jouée. Sur une table de 5 joueurs, une ronde comportera 5 mains alors qu'une table complète en compte 10. Cela a évidemment un impact sur votre stratégie. Bien que la plupart des parties à l'argent se jouent sur une table complète, les tournois se terminent toujours par ce type de jeu, et exceller dans ces circonstances augmentera de beaucoup vos succès.

Afin de surmonter ces blinds plus fréquents, il vous faudra jouer plus de mains. Souvenez-vous que plus il y a de joueurs à la table plus ça prend une main de qualité. Le contraire est vrai. Moins il y a de joueurs impliqués, plus vous pouvez jouer des mains marginales.

Les standards que vous adoptez sur une table complète devront être modifiés afin de combattre le fait qu'il y ait beaucoup plus de blinds par mains jouées. Puisqu'il y a moins de joueurs autour de la table, la main moyenne reçue sera par conséquent généralement plus faible que sur une table complète. Cela implique que le standard qui veut qu'un joueur ne joue que 15 à 20 % des mains doit être oublié.

Moins il y a de joueurs à la table, plus vous devez jouer des mains. Des mains comme A5, 66, ou KT deviennent alors des mains de plus grande qualité. Et tel que mentionné auparavant, lorsque moins de joueurs sont impliqués dans une main, les mains comportant des cartes plus élevées, celles qui peuvent former la paire supérieure, sont meilleures. Les cotes implicites sont plus faibles, et donc les mains qui reposent sur ces cotes, baissent en valeur.

En résumé, lorsque votre table est à court, vous devriez privilégier une main comme K3, au lieu de préférer 76s. Si deux joueurs manquent totalement le tableau, ce qui survient assez souvent, le K3 remportera le pot avec son roi.

16

En pratique

Dans cette section, je vous mets en situation de jeu. C'est le temps de mettre tout en pratique ! Pour bien profiter des sections d'exemples, il est conseillé de bien réfléchir à votre jeu avant de lire la réponse suggérée. Cela vous aidera considérablement dans votre apprentissage.

Vous remarquerez également que j'ai choisi de limiter ces exemples à des mains de Hold'em limite. Bien que je prône beaucoup l'apprentissage des multiples variantes du poker, le Texas Hold'em est de loin la formule la plus populaire, et c'est certainement celle que vous pratiquerez le plus à vos débuts. Donc, je vais m'en tenir à des exemples tirés de situations au Hold'em. Par contre, un bon jeu de poker gagnant peut s'appliquer dans toutes les variantes de ce jeu, et donc plusieurs des concepts discutés dans ces mains peuvent améliorer votre stratégie dans les autres types de poker.

Finalement, la plupart des concepts discutés ici s'appliquent autant en limite qu'au sans-limite, et ce en tournoi ou non.

De plus, nous allons supposer que vous vous retrouvez dans une partie de Hold'em limite 5-10, soit une partie de limite basse. De plus, nous présumerons que vous jouez à une table complète de 10 joueurs.

Mise en Situation 1

Vous êtes second à parler après le gros blind, et vous recevez **A ♦ K ♥**. Le joueur avant vous suit la mise et c'est à vous. Quel est votre jeu ?

Réponse : Tel que mentionné auparavant, il faut relancer pour rentabiliser votre main, qui est probablement la meilleure en ce moment. De plus, vous couperez les cotes des autres joueurs qui bataillent pour vous rattraper et vous ne donnerez pas de flop gratuit au gros blind. Ceux qui ont une main comme AT ou KJ feront alors une bien plus grande erreur en suivant une relance de votre AK. Même si AK ratera le flop plus souvent qu'autrement, il n'en demeure pas moins que lorsqu'un as ou roi tombera, vous remporterez un plus gros pot.

Beaucoup de joueurs débutants ne relancent pas avec AK, parce que c'est une main à tirage, sans valeur immédiate, et parce la plupart du temps le flop va les manquer. Mais ils ne réalisent pas tous les profits perdus lorsque le flop les frappe, puis qu'ils auront alors la paire supérieure avec le meilleur acolyte. De plus, faire une relance avec une main comme AK aide à balancer votre jeu, puisque vous seriez trop prévisible si vous ne relanciez qu'avec une paire. Relancer AK préflop, est très important.

Mise en Situation 2

Vous êtes dans les positions intermédiaires et recevez **A ♥ J ♣**. Un joueur, dans les premières positions et que vous considérez comme d'un bon calibre, relance la mise. Tous les joueurs avant vous se couchent. Quel est votre jeu ?

Réponse : Contre un joueur qui joue correctement en premières positions, il faut habituellement coucher un AJ ici. Même si AJ est une main que vous auriez relancée vous-même s'il ne l'avait pas fait avant vous, il faut maintenant l'abandonner.

Pour un joueur débutant, coucher une main relativement forte comme AJ peut sembler un peu fou. Surtout quand on pensait relancer nous-mêmes si l'autre ne l'avait pas fait. Mais pour justifier cette décision, il faut se demander quelle est la gamme de mains que peut avoir le relanceur et faire un peu de théorie du jeu. S'il joue correctement des premières positions, la gamme de mains avec laquelle il va relancer est assez petite. Il pourrait avoir des mains comme une grosse paire, comme AA, KK, QQ, JJ ou TT, ou un gros as comme AK et AQ. Remarquez que contre toutes ces mains, un AJ ne fera pas long feu. Vous devriez frapper soit un as ou un valet, ce qui ne vous donne que 3 cartes la plupart du temps ce qui est faible comme probabilité de réussite. Mais il y a plus pour justifier la décision.

En effet, si un as floppe et qu'il avait AK ou AQ, vous allez perdre beaucoup. Ce sera la même chose si vous floppez un valet et qu'il a QQ, KK ou AA. Il reste seulement la possibilité que votre adversaire ait TT pour que vous sembliez en meilleure posture, puisque vous pouvez frapper soit un as ou un valet. Mais si l'une de ces cartes floppe, un joueur ayant TT aura peut-être peur et ne vous paiera pas beaucoup. Bref, cette main ne semble pas très prometteuse et vaudrait mieux d'être couchée.

Coucher des mains de moyenne force dans des situations qui semblent marginales est l'une des qualités d'un bon joueur de poker. N'oubliez pas que le but est de faire de l'argent et de minimiser les pertes lorsque l'on tire de l'arrière. Ici, on va soit payer cher devant une meilleure main, et ne pas se faire payer devant une plus faible. Vaut mieux attendre une meilleure situation. C'est l'un des concepts les plus importants du poker.

Mise en Situation 3

Vous êtes dans les dernières positions sur le bouton avec **Q ♥ Q ♣**. Cinq joueurs se glissent dans le pot et c'est maintenant à vous de parler. Quel est votre jeu ?

Réponse : Relance ! Même si ce jeu peut sembler routinier pour plusieurs, beaucoup de joueurs débutants hésitent à relancer lorsque beaucoup de joueurs sont dans la main. Ils préfèrent attendre le flop et s'assurer qu'il ne contiendra pas d'as ni de roi, et qu'il ne sera pas trop effrayant.

Même s'il est vrai que plus il y a de joueurs dans la main plus vos chances de gagner diminuent, ce n'est pas grave. Encore une fois, si vous relancez, vous faites payer vos adversaires pour vous rattraper. Très rares sont les situations où il est mauvais de mettre plus d'argent dans le pot lorsqu'on a la meilleure main. Oui vous gagnerez moins souvent, mais vous gagnerez un plus gros pot. N'oubliez pas que le secret du poker consiste à rentabiliser les situations dans lesquelles vous êtes favori. Ici vous aurez la meilleure main la plupart du temps, alors c'est le temps d'engraisser le pot.

Mise en Situation 4

Vous vous retrouvez encore une fois sur le bouton avec 8 ♥ 7 ♥. Trois joueurs suivent la mise devant vous. Quel est votre jeu ?

Réponse : Vous devriez coucher cette main. Beaucoup de joueurs aiment jouer une telle main dans une situation similaire. C'est une main relativement bonne qui, en cette position et dans un pot avec beaucoup de joueurs, peut être profitable. Cependant, ce qui sépare les joueurs perdants des gagnants est le jeu après le flop. Pour rendre une main comme 87s profitable, il faut vraiment être très à l'aise sur le flop et après. À vos débuts, vous ne jouerez probablement pas assez bien post flop pour faire un profit avec cette main. Plus vous avez une main de départ marginale, plus vous serez confrontés à des décisions difficiles par la suite. C'est pour ça que j'ai restreint le nombre de mains que vous devriez jouer avant le flop; pour vous éviter des erreurs coûteuses. Je vous conseille donc de jeter cette main et d'attendre une meilleure situation.

Mise en Situation 5

Vous êtes 4 joueurs sur un flop qui n'a pas été relancé pré-flop. Vous avez **K ♥ Q ♠** en position intermédiaire et le flop tombe **K ♠ 8 ♥ 5 ♦**. Deux joueurs passent, l'autre mise et c'est à vous. Quel est votre jeu ?

Réponse : Relance ! Le flop est excellent pour votre main. Vous avez floppé la paire supérieure sur un flop pas très dangereux (il n'y a pas beaucoup de tirages possibles). Le joueur qui mise peut facilement avoir une main pire que la vôtre, comme un roi avec un plus petit acolyte ou une plus petite paire. On peut s'attendre qu'avec une main comme AA ou AK il ait relancé avant le flop. De plus, en relançant vous obligez les deux joueurs qui ont passé à égaliser deux mises ce qui coupe considérablement leurs cotes. Finalement, vous prenez le contrôle de la main, ce qui est toujours bon.

Beaucoup de joueurs qui débutent préfèrent attendre le tournant pour relancer leurs bonnes mains parce que les mises doublent et qu'ils peuvent extirper de leurs adversaires une grosse mise au lieu d'une petite. Bien que ça puisse être une option intéressante à l'occasion pour varier votre jeu, il faut plutôt voir le flop comme la ronde de mise durant laquelle il faut faire bouger les choses. Cela deviendra de plus en plus important lorsque vous jouerez contre des adversaires plus expérimentés. Il vous faudra alors relancer au flop avec beaucoup plus de mains, parce que les décisions seront plus difficiles et marginales. Même si ce n'était que pour bien masquer les fois où vous relancerez dans le but de prendre une carte gratuite, il est important de relancer vos bonnes mains aussi.

Notez que la plupart du temps, dans une telle situation, vous devriez aussi miser le tournant et la rivière.

Mise en Situation 6

Vous avez reçu **8 ♦ 7 ♠** dans la grosse mise à l'aveugle. Quatre autres joueurs ont suivi, dont le petit blind, et vous avez pu voir le flop gratuitement. Il y a 25$ dans le pot. Le flop tombe **4 ♦ 5 ♣ T ♦**. Le petit blind passe, vous passez aussi, et un joueur mise. Un autre relance, un suit la relance et le petit blind se couche. C'est à vous. Quel est votre jeu ?

Réponse : Lorsque vous avez un tirage, c'est-à-dire n'importe quelle main qui ne semble pas être la meilleure en ce moment et qui aura besoin d'aide pour gagner, vous devez considérer les cotes du pot dans votre processus décisionnel. C'est en fait, le concept le plus important dans une telle situation. Il y a deux types de situations profitables au poker : vous êtes favori avec la meilleure main, ou vous avez un tirage qui a de bonnes cotes pour tirer.

Pour déterminer si un tirage est profitable, il faut en premier lieu compter l'argent dans le pot. Ici, il y avait 25$ avant le flop, et ensuite il y a eu une mise de 5, une relance à 10 et un appel de 10 pour un total de 50$ dans le pot. Il vous en coûte 10$ pour suivre. Votre cote du pot est donc de 50 :10 donc 5 :1.

Ensuite, il faut comparer cette cote à vos chances de tirer votre carte sur la prochaine ronde. Ici, vous avez quatre cartes (les « 6 ») qui vous donnent une suite. Pour obtenir les cotes de votre tirage, vous devez compter les cartes qui vous manquent contre les cartes qui vous aident. Sur 52 cartes, vous en connaissez 5 (vos deux cartes et les trois du flop). Il y a donc 47 cartes dans le paquet qui vous manquent contre 4 qui vous aident. Vous avez donc du 47 :4 soit 10,75 :1. Remarquez que nous ne faisons pas de différence entre les cartes dans les mains de vos adversaires et celle qui restent dans le paquet, puisque toutes ces cartes nous sont inconnues, et qu'elles peuvent autant se retrouver dans le paquet que dans les mains des autres.

Finalement, il faut comparer les cotes du pot aux chances de compléter la main. Si les cotes du pot sont plus grandes que celles de compléter le tirage, c'est une situation profitable puisque vous gagnerez plus d'argent quand vous aller compléter votre main que lorsque vous raterez. Il est alors correct de jouer la main puisque vous ferez un profit au long terme.

Ici, les cotes du pot sont de 5 :1 et nous sommes à 10,75 :1 de compléter le tirage, c'est une situation qui n'est pas profitable et vous devriez donc coucher votre main. Mais ce n'est pas tout. J'ai été un peu optimiste dans mon évaluation de la situation. La raison est qu'il y a également un tirage à la couleur sur ce flop puisqu'il contient deux carreaux. Donc, si le 6 ♦ tombe au tournant, il vous donnera la suite, mais il donnera potentiellement une couleur à un joueur ayant ce tirage. Donc, même si les cotes du pot étaient favorables, comme s'ils étaient de 12 :1, il vaudrait peut-être mieux de se coucher, puisque considérant les autres joueurs dans la main, vous ne pourriez qu'avoir que 3 cartes qui vous aident, au lieu de 4, ce qui diminuerait vos cotes de la main, et rendrait donc cette situation négative.

Continuer dans de telles situations est une erreur fréquente des joueurs débutants. Lorsque vous tirez de l'arrière, vous devez vous demander quelles sont les cotes et ensuite conclure si elles en valent la peine. Cela peut sembler gros comme calcul à faire à la table, mais avec l'expérience vous deviendrez plus à l'aise. Il est également avantageux d'apprendre par cœur les cotes des tirages les plus fréquents. Vous pouvez les trouvez à la fin de ce livre. Si vous savez qu'un tirage à la couleur est à 4,2 :1 de frapper au tournant, il ne vous reste qu'à compter le pot.

Mise en Situation 7

Vous êtes sur le flop contre quatre adversaires dans un pot qui a été relancé préflop par un joueur en premières positions. Un joueur a égalisé en position intermédiaire, vous avez suivi du bouton avec **A ♠ J ♠**, et le gros blind a fait de même. Le flop tombe **K ♠ 7 ♦ 3 ♠**. Le BB passe, le relanceur mise, et l'autre suit. C'est à vous. Quel est votre jeu ?

Réponse : Tout comme dans l'exemple précédent, avec un tirage il faut tout d'abord considérer les cotes. Il y avait 42$ dans le pot avant le flop (4x10$ plus le petit blind de 2$). Il y a eu une mise et un appel au flop, ce qui totalise donc 52$ dans le pot. Puisqu'il vous en coûte 5$, vous avez des cotes de 10,4 :1 (52 :5). Puisque vous êtes à 4,2 :1 (38 cartes qui vous manque contre 9 piques) de compléter votre tirage, vous avez d'excellentes cotes pour continuer votre tirage. Donc ici, il est profitable de jouer la main.

J'attire aussi votre attention sur le fait qu'ici, vous êtes dans une bonne situation pour tenter d'avoir une carte gratuite. Vous avez la meilleure position, et vous avez floppé un tirage à la couleur. De plus, peut-être qu'avec un as vous gagneriez la main. Le pot est déjà gros, et vous irez à la rivière pour tenter de compléter votre tirage. Donc relancer ici vous donnera plus de profits si un pique tombe au tournant et vous permettra de passer sinon. Mais il ne faut pas s'emporter avec une telle main. Ici, le flop est propice au jeu de la carte gratuite parce qu'il risque d'avoir raté le relanceur. À moins que ce dernier n'ait AA, AK ou KK dans sa main, le roi sur le flop devrait le ralentir. Il couchera peut-être même une main comme QQ et AQ, ce qui serait une excellente chose pour vous.

Comparez ce flop à un flop comme **6 ♠ 7 ♦ 8 ♠**. Devant un tel flop, le relanceur, et même les autres joueurs dans la main peuvent facilement sur-relancer la mise et vous faire payer cher votre tirage. Il y a plus de surpaires (paires plus élevées que le flop), et plus de tirages. Ce flop peut facilement coûter cher si vous relancez. Il vaudrait mieux de simplement suivre la mise.

Et comme mentionné précédemment, si vous tentez, de temps en temps, le jeu de la carte gratuite, il faut aussi relancer lorsque vous avez une main de qualité, pour bien balancer votre jeu.

Mise en Situation 8

Vous êtes sur le tournant contre 3 adversaires dans un pot qui contient 65$. Vous détenez **Q ♣ T ♣** dans le gros blind et avez misé le flop de **Q ♦ 8 ♣ 6 ♦**. Trois ont ensuite suivi votre mise. Sur le tournant, le **2 ♦** tombe. Vous choisissez de miser de nouveau, deux joueurs suivent, et un autre relance la mise. C'est à vous. Quel est votre jeu ?

Réponse : Même si la paire supérieure avec un acolyte moyen est habituellement une main correcte, c'est une main qui perd beaucoup de valeur lorsque plusieurs joueurs sont dans la main. Les chances de se faire rattraper ou d'être déjà battu augmentent de beaucoup, surtout lorsque l'acolyte n'est pas d'une grande qualité.

Ici, la situation est marginale. Votre mise au flop avec la paire supérieure était correcte, puisqu'il fallait couper les cotes des autres joueurs avec un flop contenant plusieurs tirages. Au tournant, le 2 ♦ est une carte très dangereuse puisqu'elle complète un tirage de couleur. Contre un seul adversaire, ce ne serait un moindre mal, mais contre trois, les chances qu'un joueur soit sur un tel tirage sont plus élevées. Votre mise est correcte, parce que vous ne pouvez pas conclure que vous êtes battu malgré la présence des trois carreaux et compte tenu que votre mais n'a pas été relancée au flop.

Par contre, lorsque deux joueurs suivent et qu'un autre relance, votre main sera perdante la plupart du temps. Une couleur est une forte possibilité, et des mains comme deux paires ou un set sont toujours possibles puisque beaucoup de joueurs attendent le tournant avant de montrer leurs vraies couleurs. Même des mains comme AA, KK ou AQ sont toujours des possibilités. Contre la plupart de ces mains, vous êtes mort car n'avez aucune carte pour les battre. Vous devriez donc coucher votre main.

Lorsqu'un joueur relance au tournant c'est généralement un grand signe de force. Une relance au flop peut signifier plusieurs mains, comme une paire, deux paires, un set, ou n'importe quel tirage. Au tournant, la plupart des joueurs ne vont pas relancer avec des mains marginales mais plutôt avec des mains de grande qualité. Lorsque vous avez une main qui peut facilement être battue, comme la paire supérieure sans un acolyte de qualité, et si vous n'avez pas de cartes qui peuvent améliorer votre main et battre la main potentielle de votre adversaire, il est mieux de sauver une mise ou deux, et de limiter les pertes.

À noter que si le relanceur avait la couleur, il a fait le bon jeu. Lorsque vous frappez votre tirage, il est la plupart du temps préférable de relancer et non d'attendre plus tard.

Mise en Situation 9

Vous êtes sur le tournant avec **Q ♠ T ♠**. Sur un flop de **6 ♠ 8 ♠ 7 ♥**, trois adversaires ont suivi la mise du joueur dans le gros blind, et vous en avez fait de même du bouton. Le pot contenait alors 52$. Le **A ♦** est tombé sur le tournant, et le gros blind a misé de nouveau. Ensuite, un joueur s'est couché, un autre a relancé et un autre a sur-relancé. C'est à vous, et il vous en coûte 30$. Quel est votre jeu ?

Réponse : Avec un tirage il faut de nouveau compter les cotes du pot et déterminer si l'on se retrouve dans une situation profitable ou non. Il y a dans le pot 52+10+20+30=112$. Il vous en coûte 30$. Les cotes du pot sont donc de 112 :30 donc de 3,7 :1. Compte tenu que vous êtes à 4,1 :1 de faire votre couleur sur la rivière, vous devriez coucher votre main. Il est vrai qu'un 9 vous donnerait également une suite et pourrait donc ajouter des possibilités à votre main la rendant profitable, mais le poker est un jeu situationnel. Il faut toujours considérer le déroulement de la main et essayer de déduire logiquement les mains possibles de vos adversaires avant de se donner autant de chances de gagner.

Ici, trois joueurs sont intéressés par ce tableau. Et tel que mentionné dans la dernière mise en situation, une relance au tournant est un signe de force. Avec autant d'action on peut supposer que vos adversaires ont des mains très fortes comme un set (brelan), deux paires, une suite ou un as et une autre carte de pique. Autrement dit, votre tirage à la couleur peut facilement être dominé par un meilleur tirage à la couleur, comme un **A ♠ 3 ♠**. De plus, même si un 9 vous donnait une suite, avec un tableau de 6789, il est probable que vous ayez à séparer le pot avec au moins un autre adversaire qui a un T dans sa main. De plus, l'un d'eux pourrait avoir 9T déjà réduisant ne nombre de 9 dans le paquet. Finalement, si l'un des joueurs a un set ou deux paires, le 7 ♠ compléterait une main pleine.

De plus, il faut aussi considérer ce qui pourrait se passer après que vous ayez appelé le 30$. Si un joueur sur-relance encore, ce qui très probable, cela coupera vos cotes et rendra la situation encore plus négative. Il faut donc tout considérer avant de prendre une décision. Les cotes dictent votre jeu en premier lieu. Ensuite, il faut logiquement analyser la situation et ajuster son jeu compte tenu de tous les éléments. C'est la base du poker. Il faut comprendre ces concepts pour jouer du poker gagnant.

Ce genre de situation survient souvent. Au flop, vous aviez les cotes pour tirer une carte mais au tournant, l'action fait en sorte que votre tirage n'a plus qu'une espérance négative. Cela survient fréquemment lorsque vous avez un tirage dans le « ventre », comme avec un JT sur un flop de K93 par exemple. Vous avez souvent les cotes pour tirer une carte au flop et tenter de frapper une dame, mais au tournant les cotes ne sont plus là et vous devez vous coucher.

Mise en Situation 10

Vous êtes sur la rivière avec **K ♦ Q ♦**. Vous avez suivi une mise au flop et au tournant sur un tableau de **A ♣ 9 ♦ 5 ♦ 6 ♥**. Il y a 55$ dans le pot. Sur la rivière, le **K ♠** tombe et votre adversaire mise de nouveau. Quel est votre jeu ?

Réponse : Le jeu sur la rivière est assez simple habituellement. Au limite, le pot est habituellement trop gros pour justifier de coucher une main qui a moindrement une chance de gagner. Ici, il y a 65$ dans le pot compte tenu de la mise de votre adversaire. Il vous en coûte 10$. Vous avez donc une cote du pot de 6,5 :1. Transformé en pourcentage, cela donne 13,3% (1/7,5). Autrement dit, si vous pensez avoir plus de 13,3% de remporter la main, il faut égaliser la mise, parce que vous faîtes un appel profitable.

Ici, à moins de jouer contre une « roche » qui ne misera qu'une excellente main, il faut probablement appeler. Bien que les chances soient bonnes que votre adversaire ait une paire d'as ou mieux, il pourrait aussi avoir un tirage raté, ou une main comme une plus petite paire. Il vaut mieux perdre 10$ si vous vous trompez, que perdre le 65$ dans le pot si vous couchez la meilleure main.

À la rivière, lorsque vous avez d'aussi bonnes cotes du pot, il est rarement stratégique de se coucher si votre main peut gagner. Il ne faut pas s'emporter avec ça et tout égaliser peu importe l'action et votre main. Mais si vous avez une main décente, alors vous devriez suivre une mise la plupart du temps.

17

Conclusion

Le poker est, comme vous l'aurez vu, assez complexe. J'espère après la lecture de ce livre que vous aurez le goût de vous aventurer plus loin dans apprentissage du jeu. Comme je l'ai mentionné dans l'introduction, ce livre ne vous permettra pas de rivaliser avec les meilleurs au monde, mais il vous donnera les outils de base nécessaires pour vous permettre de bien développer votre jeu.

Je vous recommande aussi fortement de visiter le site web **www.PrincePoker.com**, le portail du poker au Québec. Vous y retrouverez entre autres un excellent forum de discussion pour poser vos questions et en apprendre encore plus.

Et si vous avez des questions sur la vie et les aventures d'un joueur de poker professionnel, venez me rendre visite sur mon site personnel **www.NicolasFradet.com**, il me fera plaisir de discuter poker avec vous.

Si vous appliquez mes conseils, il est parfaitement envisageable que vous deveniez un joueur de poker gagnant et qui sait, peut-être même un expert un jour.

D'ici là, bonne chance !

18

Annexes Tableaux des Statistiques

18.1- Mains de Texas Hold'em préflop

Probabilités de recevoir une main particulière préflop :

Main	Cotes	%
AA	220/1	0.45
N'importe quelle paire	16/1	5.9%
A-K assorti	331/1	0.3%
A-K non assorti	110/1	0.9%
A-K assorti ou non assorti	82/1	1.2%
Deux cartes assorties	3.3/1	24%
Connecteurs assortis - JTs	46/1	2.1%
Connecteurs; JTs ou JTo	11/1	8.5%
Soit AA ou KK	110/1	0.9%
Soit AA, KK ou AK	46/1	2.1%
Soit AA, KK, QQ, AK, AQ ou KQ	19/1	5%

18.2 • Texas Hold'em au flop

Probabilités d'améliorer une main de départ

Main	Cotes	%
Un set ou mieux en partant avec une paire dans le trou	7.5/1	11.8%
Un set en partant avec une paire dans le trou	8.3/1	10.8%
Une main pleine en partant avec une paire dans le trou	136/1	0.74%
Un carré en partant avec une paire dans le trou	407/1	0.25%
Une couleur en partant avec deux cartes assorties	118/1	0.84%
Quatre cartes de couleur en partant avec deux cartes assorties	8.1/1	10.9%
Quatre cartes de couleur avec une seule de nos cartes	88/1	1.1%
Au moins une paire (avec vos cartes de départ de rang différent)	2.1/1	32.4%
Une paire (avec vos cartes de départ de rang différent)	2.5/1	29%
Deux paires (avec vos cartes de départ de rang différent)	49/1	2%
Un brelan (avec vos cartes de départ de rang différent)	73/1	1.35%
Une main pleine (avec vos cartes de départ de rang différent)	1087/1	0.09%
Un carré (avec vos cartes de départ de rang différent)	9799/1	0.01%

Va tomber au Flop		
• Triple	424/1	0.24%
• Une paire	5/1	17%
• Trois cartes assorties	18/1	5.2%
• Deux cartes assorties	0.8/1	55%
• Trois cartes non assorties	1.5/1	40%
• Trois cartes qui se suivent	28/1	3.5%
• Deux cartes qui se suivent	1.5/1	40%
• Aucune carte qui se suit	0.8/1	56%

18.3 • Texas Hold'em du flop au tournant

Probabilités d'améliorer une main du flop au tournant :

Main	Cotes	%
Une main pleine ou mieux avec un set (7 possibilités)	5.7/1	15%
Une main pleine à partir d'un deux paires (4 possibilités)	11/1	9%
Un set à partir d'une paire cachée (2 possibilités)	23/1	4.3%
Une couleur à partir de quatre cartes assorties (9 possibilités)	4.2/1	19%
Une suite à partir de quatre cartes qui se suivent (8 possibilités)	4.9/1	17%
Une suite à partir d'un tirage dans le ventre (4 possibilités)	11/1	9%
Une paire à partir des deux cartes cachées (6 possibilités)	6.8/1	13%
Une seconde paire, lorsque vous devez frapper votre acolyte (3 possibilités)	15/1	6%

18.4 • Texas Hold'em du flop à la rivière

Probabilités d'améliorer une main du flop à la rivière :

Mains	Cotes	%
Une main pleine ou mieux avec un set	2/1	33%
Une main pleine à partir d'un deux paires (4 possibilités)	5.1/1	17%
Un set à partir d'une paire cachée (2 possibilités)	11/1	8.4%
Une couleur à partir de quatre cartes assorties (9 possibilités)	1.9/1	35%
Une suite à partir de quatre cartes qui se suivent (8 possibilités)	2.2/1	32%
Une suite à partir d'un tirage dans le ventre (4 possibilités)	5.1/1	17%
Une paire à partir des deux cartes cachées (6 possibilités)	3.2/1	24%
Une seconde paire, lorsque vous devez frapper votre acolyte (3 possibilités)	7/1	13%

18.5 • Texas Hold'em du tournant à la rivière

Probabilités d'améliorer une main du tournant à la rivière :

Main	Cotes	%
Une main pleine ou mieux avec un set (10 possibilités)	3.6/1	22%
Une main pleine à partir d'un deux paires (4 possibilités)	11/1	9%
Un set à partir d'une paire cachée (2 possibilités)	22/1	4.4%
Une couleur à partir de quatre cartes assorties (9 possibilités)	4.1/1	20%
Une suite à partir de quatre cartes qui se suivent (8 possibilités)	4.8/1	17%
Une suite à partir d'un tirage dans le ventre (4 possibilités)	11/1	9%
Une paire à partir des deux cartes cachées (6 possibilités)	6.7/1	13%
Une seconde paire, lorsque vous devez frapper votre acolyte (3 possibilités)	14/1	7%

18.6 • Probabilités post-flop au Texas Hold'em et Omaha

Nombre de cartes améliorant votre main	Au Flop pour le tournant	Au tournant pour la rivière	Au Flop pour le tournant ou la rivière (combiné)
1 carte	2.13%	2.17%	4.26%
2 cartes	4.26%	4.35%	8.42%
3 cartes	6.38%	6.52%	12.49%
4 cartes	8.51%	8.70%	16.47%
5 cartes	10.64%	10.87%	20.35%
6 cartes	12.77%	13.04%	24.14%
7 cartes	14.89%	15.22%	27.84%
8 cartes	17.02%	17.39%	31.45%
9 cartes	19.15%	19.57%	34.97%
10 cartes	21.28%	21.74%	38.39%
11 cartes	23.40%	23.91%	41.72%
12 cartes	25.53%	26.09%	44.96%

18.6 • Probabilités post-flop
au Texas Hold'em et Omaha (suite)

Nombre de cartes améliorant votre main	Au Flop pour le tournant	Au tournant pour la rivière	Au Flop pour le tournant ou la rivière (combiné)
13 cartes	27.66%	28.26%	48.10%
14 cartes	29.79%	30.43%	51.16%
15 cartes	31.91%	32.61%	54.12%
16 cartes	34.04%	34.78%	56.98%
17 cartes	36.17%	36.96%	59.76%
18 cartes	38.30%	39.13%	62.44%
19 cartes	40.43%	41.30%	65.03%
20 cartes	42.55%	43.48%	67.53%
21 cartes	44.68%	45.65%	69.94%
22 cartes	46.81%	47.83%	72.25%

19

Glossaire

A

Acolyte
Carte la plus élevée qui ne forme pas une paire. (kicker)

Action
Passer, miser, relancer ou se coucher. (action)

Angle
Tout stratagème techniquement légal mais qui est douteux d'un point de vue éthique. Ex : tenter de voir la main d'un adversaire. (angle)

Ante
Synonyme de pisse. Mise forcée de départ qui est morte et placée par tous les joueurs. (ante)

Arc-en-ciel
Trois cartes de sortes différentes sur un flop. (rainbow)

Arrière, tirer de l'
Ne pas avoir la meilleure main avant que toutes les cartes soient distribuées. (to be behind)

Avenue
Tournée d'enchères. (street)

187

B

Bateau
Autre nom pour désigner une main pleine. (boat)

Bicycle
La meilleure main lorsque vous jouez au bas, A-2-3-4-5. (bicycle, wheel)

Bilatérale
Quatre cartes de suite. Voir « ouverte aux deux bouts ». (open-end straight)

Blanche
Carte sans aucune importance ou valeur. (blank)

Blind
Mise forcée de départ au Hold'em et Omaha. Généralement, il y a deux blinds, placés par les deux joueurs à la gauche du donneur. (blind)

Bluff
Miser ou relancer avec une main qui n'a pas beaucoup de chance d'être la meilleure au dévoilement. (bluff)

Bout ignorant
Bout le plus bas d'une suite. (ignorant end)

Brèche
Espace entre deux cartes. Ex : 7 et 9. Voir aussi « trou ». (gap)

Brelan
Avoir trois cartes du même rang. Voir aussi « triple » ou « set ». (three of a kind)

B

Brique
Carte sans aucune importance ou valeur. Voir aussi « blanche ».
(brick)

Brûler
Discarter la carte sur le dessus du paquet avant la donne. (burn)

C

C
Abréviation qui désigne un trèfle. Ex : T♣, le dix de trèfle. (club)

Carré
Quatre cartes de même rang. (four of a kind)

Carte gratuite
Carte qu'un joueur réussit à avoir sans devoir appeler une mise.
(free card)

Colorer
Dans un tournoi, se départir des jetons ayant une valeur minime en redistribuant la somme de ces jetons lors d'un tirage. (color-up)

Communes, cartes
Dans les variantes à flop, cartes placées au centre de la table et qui sont partagées par tous les joueurs. (community cards)

Connecteurs
Deux cartes de rangs qui se suivent. Ex : 8-9. (connectors)

Contrefaire
Au Omaha haut-bas, lorsqu'une carte tombe et fait que votre main de bas devient sans valeur. (counterfeit)

C

Cote

Probabilité de compléter une main versus la probabilité de ne pas la compléter. Ex: être à 6 contre 1 signifie que l'on fera la main une fois sur sept. (odds)

Cotes du pot

Montant dans le pot versus la probabilité de compléter la main. (pot odds)

Cote implicite

Montant que vous estimez gagner si vous complétez votre main versus le montant que vous devez investir pour continuer à jouer. (implied odds)

Coucher, se

Se retirer de la main au lieu de miser ou relancer ; abandonner. (fold)

D

D

Abréviation qui désigne un carreau. Ex : Td, le dix de carreau. (diamond)

Derrière, par

Compléter un tirage avec les deux dernières cartes distribuées. (backdoor)

Dévoilement

À la fin de la main, lorsque les joueurs tournent leurs cartes pour contester le pot. (showdown)

Dominer

Se dit d'une main qui gagnera très souvent contre une autre. Ex : AK domine AJ. (dominate)

D

Draw (à cinq cartes)
Variante classique jouée avec cinq cartes fermées. (five card draw)

E

Embuscade
Passer avec l'intention de relancer. (sandbag)

Enjeux de la table
Partie dans laquelle on ne peut miser plus que son tapis. (table stakes)

Enroulé
Avoir un triple sur la troisième avenue au Stud à sept cartes. (rolled-up)

Équité
La valeur d'une main en particulier ou d'une combinaison de cartes. (equity)

Espérance
Le profit ou la perte que vous devriez faire en moyenne à long terme. (expectation)

F

Face
Roi, Dame ou Valet. (face card / paint card)

Familial, pot
Se dit d'un pot où la majorité des joueurs sont encore actifs. (family pot)

Favorite
Une main ayant la plus grande chance de gagner. (favorite)

F

Figure
Roi, Dame ou Valet. (face card / paint card)

Fond de roulement
Somme d'argent disponible pour jouer. (bankroll)

Flop
Les trois premières cartes communes qui sont tournées face vers le haut simultanément. (flop)

Frapper
Tirer la carte qui complète la main. (hit)

Frime
Carte qui peut prendre n'importe quel rang et sorte. (wild card)

Fuite
Faiblesse dans le jeu d'un joueur. (leak)

G

Glisser, se
Suivre le gros blind avant le flop. (limp)

Gros blind (BB)
Mise forcée au Hold'em et Omaha placée par le deuxième joueur à la gauche du donneur, généralement environ le double de la petite mise à l'aveugle. (big blind)

H

H
Abréviation qui désigne un coeur. Ex : Th, le dix de coeur. (heart)

H

Haut-bas

Variante dans laquelle la main la plus forte et la main la plus faible se séparent le pot. Se joue généralement au Omaha ou au Stud. (haut-bas)

Hold'em

Variante dans laquelle chaque joueur détient deux cartes cachées et les combine avec cinq cartes placées au centre de la table. (Hold'em)

I

Intermédiaire

Position d'un joueur qui parle au milieu des autres joueurs. (middle)

Isoler

Relancer avec l'intention d'être en tête-à-tête avec un autre joueur. (isolate)

J

Jeter

Se retirer de la main au lieu de miser ou relancer ; abandonner, se coucher. (fold)

K

L

Lâche

Joueur qui joue plus de mains que ne le voudrait une stratégie optimale. (loose)

L

Limite

Partie dans laquelle la mise est fixée. Ex : dans une partie de Hold'em 5-10, toute mise ou relance avant le flop ou sur le flop doit être de 5 dollars, toute mise ou relance sur le tournant ou la rivière doit être de 10 dollars. (limit)

Limite du pot

Partie dans laquelle la mise maximale est d'un montant égal à la somme qui se trouve dans le pot. (pot limit)

Limiter le champ

Miser ou relancer afin de faire coucher des joueurs n'ayant pas investi dans le pot pour se donner une meilleure chance de remporter le pot. (narrow the field)

Lire

Essayer de deviner la main de son adversaire. (read)

M

Main

Les cartes d'un joueur. (hand)

Main Pleine

Main composée d'un triple et d'une paire. (full house)
Ex: main pleine d'As aux huit, AAA88

Maison

Le casino ou la salle de jeu. (house)

Maniaque

Joueur extrêmement agressif qui mise et relance constamment. (maniac)

M

Max

La meilleure main possible. (nuts)

Miser

Mettre de l'argent dans le pot. (bet)

Monstre

Main pratiquement imbattable. (monster)

Morte

Carte ou main qui n'est plus éligible. (dead card / dead hand)
Se dit aussi d'une pisse.

N

Non-assorties

Deux cartes qui ne sont pas de la même sorte. Ex : Tc9d, dix de trèfle et neuf de carreau ou T9o. (offsuit)

O

O

Abréviation indiquant que deux cartes sont non-assorties. T9o comme un dix de trèfle et neuf de carreau.

Omaha

Variante des jeux à tableau dans laquelle chaque joueur détient quatre cartes cachées et les combine avec cinq cartes communes placées au centre de la table. Chaque joueur doit absolument utiliser deux cartes de sa main et trois du tableau pour former la meilleure main. (Omaha)

Option

Lorsqu'un joueur place son gros blind, il a l'option de relancer quand c'est à lui de parler. (option)

O

Ouverte aux 2 bouts

Quatre cartes de suite. Voir aussi « bilatérale ». (open-end straight)

Ouverture

Mise forcée placée par le joueur ayant la carte de plus basse valeur sur la troisième avenue au Stud haut et la plus forte au Razz. (bring-in)

P

Paire

Deux cartes de la même dénomination. (pair)

Parallèle, pot

Lorsqu'un jouer est tapé, il y a création d'un second pot pour les joueurs qui sont encore actifs et qui ont encore un tapis. (side pot)

Passer

Laisser droit de parole au prochain joueur. (check)

Petit Blind (SB)

Mise forcée au Hold'em et au Omaha placée par le joueur immédiatement à la gauche du donneur, généralement environ la moitié de la grosse mise à l'aveugle. (small blind)

Piéger

Déguiser sa main en attendant à une tournée ultérieure avant de relancer. (slowplay)

Poker fermé

Variantes du poker dans lesquelles toutes les cartes sont cachées. (closed poker)

P

Poker ouvert
Variantes du poker dans lesquelles certaines cartes sont tournées face vers le haut. (open poker)

Poisson
Joueur faible ; un amateur qui perd beaucoup d'argent. (fish)

Porte
Carte ouverte sur la troisième avenue au Stud à sept cartes. (door card)

Position
Votre siège par rapport au donneur. (position)

Pot
Jetons ou montant d'argent qui est en jeu au centre de la table. (pot)

Principal, pot
Lorsqu'un joueur est tapé, il est seulement éligible pour remporter le pot principal, c'est-à-dire le pot auquel il a contribué du même montant que les autres joueurs impliqués dans la main. (main pot)

Protéger sa main
Miser ou relancer pour diminuer les chances qu'un autre joueur complète une meilleure main. (protect a hand)

Protéger ses cartes
Placer un jeton ou un objet sur ses cartes pour s'assurer que le donneur ne couche pas votre main accidentellement ; ou éviter que votre main ne touche les cartes d'un autre joueur et qu'elle soit déclarée morte. (protect your cards)

Publicité, faire de la
Bluffer ou dévier de la stratégie optimale pour être perçu comme un joueur médiocre. (advertise)

Q

Qualificatif
Dans les parties haut/bas, un minimum est nécessaire pour que certaines mains soient éligibles. (qualifier)

Quatre couleurs
Quatre cartes de la même sorte. (four flush)

R

Rachat
Dans un tournoi, racheter des jetons pour un montant supplémentaire lorsqu'on en a plus ou peu. (rebuy)

Rajout
Dans un tournoi, rajouter des jetons à son tapis pour un montant supplémentaire, peu importe le nombre de jetons que l'on a en notre possession. (add-on)

Rake
Jetons prélevés pour la Maison à partir du pot. (rake)

Rang
Valeur d'une carte. (rank)

Razz
Variante du Stud jouée pour le meilleur bas. (Razz)

Relancer
Augmenter les enchères ou la mise. (raise)

Représenter
Jouer une main d'une façon à suggérer qu'on a une main forte. (represent)

R

Retarder
Déguiser sa main en attendant à une tournée ultérieure avant de relancer. Voir Piéger. (slowplay)

Rivière
Dans les variantes à flop, la dernière carte commune qui est tournée face vers le haut et qui fait commencer la quatrième et dernière tournée d'enchères. (river)

Roche
Joueur qui est très conservateur et très serré. (rock)

Rush
Gagner plusieurs mains de suite. (rush)

S

S
1. Abréviation qui désigne un pique. Ex : Ts, le dix de pique. (spade)
2. Abréviation désignant deux cartes assorties. Ex : JTs, un valet et un dix de la même sorte. (suited)

Sans-limites
Partie dans laquelle les joueurs peuvent miser ce qu'ils ont devant eux sur leur tapis. (no-limit)

Satellite
Tournoi d'une seule table joué rapidement dans lequel le gagnant obtient un rabais dans le tournoi principal. Il n'y a pas de rachat dans les satellites. (satellite)

Serré
Joueur conservateur qui ne joue que des mains de qualité ; ou jouer moins de mains que la plupart des autres joueurs. (tight)

S

Set

Avoir un triple au Hold'em ou au Omaha avec une paire dans le trou et une troisième carte du même rang sur le tableau. (set)

Septième Avenue

Dernière tournée d'enchères au Stud (à la septième carte). (seventh street)

Sixième Avenue

Avant dernière tournée d'enchères au Stud (à la sixième carte). (sixth street)

Split

1. Séparer le pot. (split)
2. Voir haut/bas. (split)

Stud

Variante habituellement jouée avec sept cartes personnelles consistant de trois cartes fermées et quatre ouvertes. (stud)

Supersatellite

Tournoi à plusieurs tables et joué rapidement dans lequel le ou les gagnants obtiennent un rabais pour le tournoi principal. (supersatellite)

Surcarte

Carte qui est plus élevée que n'importe quelle carte sur le tableau. (overcard)

Surégaliser

Égaliser la mise après qu'un autre joueur a déjà égalisé. (overcall)

Surpaire

Paire cachée qui est plus élevée que n'importe quelle carte sur le tableau. (overpair)

S

Sur-relancer
Relancer après qu'un autre joueur a relancé. (reraise)

T

Table
1. Surface de jeu. (table)
2. Somme des joueurs à une table. (table)

Tableau
Ensemble des cartes retournées face vers le haut dans les variantes à flop et dans les variantes de Stud. (board)

Taper
Miser ses derniers jetons. (to move-in)

Tapis
Montant qu'un joueur a devant lui pour jouer. (stack)

Tell
Habitude ou manie d'un joueur qui peut donner des indices sur sa main. (tell)

Tête à tête
Partie entre deux joueurs seulement. (heads-up)

Texas Hold'em
Voir Hold'em. (Texas Hold'em)

Tilt
Jouer stupidement parce que frustré. (tilt)

Tirage
Avoir une main qui a un fort potentiel mais qui, pour l'instant, est sans valeur. (draw)

T

Tournant
Dans les parties à flop, la quatrième carte sur le tableau. (turn)

Triple
Avoir trois cartes du même rang. Voir « Brelan ». (three of a kind)

Troisième Avenue
Première tournée d'enchères au Stud (troisième carte). (third street)

Trou
Espace entre deux cartes. Ex : 7 et 9. Voir « brèche ». (gap)

Trou, dans le
Carte(s) cachée(s) d'un joueur. (hole)

U

Sous Pression
Être le premier à parler avant le flop dans les parties avec des blinds. (under the gun)

V

Valet ou mieux
Variante du Draw dans laquelle un joueur doit avoir une paire de valet ou mieux pour ouvrir les enchères. (Jacks or better)

Ventre
Quatre cartes ayant besoin d'une carte au centre pour compléter une suite. (gut-shot)

V

Voir
Égaliser. (see, call)